AF148704

Anja Kühner

Köpfe und Karrieren

Führungskräfte aus Banken und Sparkassen
ganz persönlich

Mit 53 Abbildungen

2. Auflage

 Springer Gabler

Anja Kühner
Düsseldorf, Deutschland

ISBN 978-3-658-03397-2   ISBN 978-3-658-03398-9 (eBook)
DOI 10.1007/ 978-3-658-03398-9

Die Deutsche Nationalbibliothek verzeichnet diese Publikation in der Deutschen Nationalbibliographie; detaillierte
bibliographische Daten sind im Internet über http://dnb.d-nb.de abrufbar.

Springer Gabler
© Springer Fachmedien Wiesbaden 2013, 2013

Gedruckt auf säurefreiem und chlorfrei gebleichtem Papier.

Springer Gabler ist eine Marke von Springer DE. Springer DE ist ein Teil der Fachverlagsgruppe
Springer Science+Business Media
www.springer-gabler.de

Geleitwort

Liebe Leserin, lieber Leser,

wie sind Banker gestrickt? Auf diese Frage lässt sich ebenso wenig eine pauschale Antwort finden wie auf die Frage nach dem idealen Geschäftsmodell einer Bank. Denn wie sich ein Mensch entwickelt, welche Werte er lebt, welchen Führungsstil er präferiert und welchen Ausgleich er zum oft stressigen Berufsalltag sucht, hängt von vielen Faktoren ab. Da ist einmal das Elternhaus, das so manches Mal Lebenswege vorzeichnet, die mal angenommen, mal bewusst nicht beschritten werden. Dann geht es in die Ausbildung und/oder das Studium, auf jeden Fall in eine Zeit, in der sich Interessen neu entwickeln oder vorhandene verstärken. Die beruflichen Stationen erzählen von Zielstrebigkeit und Erfolgen, aber manchmal auch von Unsicherheit und Rückschlägen. Dazu kommen Familie, Freunde und Projekte, die am Herzen liegen.

Unsere beliebten Porträts von Bankvorständen und -führungskräften, seit 2008 im BANKMAGAZIN erschienen, sind Momentaufnahmen der Situation, in der sie entstanden sind. Gut möglich, dass einige Porträtierte sich heute an einer neuen Station ihres Lebens befinden oder über Dinge nun anders denken. Denn es ist die Summe von Eindrücken und Erfahrungen, die einen Menschen prägen, und jeden Tag kommen neue hinzu, die Überzeugungen intensivieren, aber auch Weltbilder ins Wanken bringen. Bankerinnen und Banker berichteten BANKMAGAZIN-Autorin Anja Kühner von ihrer Vergangenheit, ihrem gegenwärtigen Tun und Handeln, von Abneigungen, Vorlieben und verrieten, wie sie sich die Zukunft vorstellen. Die Porträtierten ließen und lassen uns an ihrem Leben teilhaben. Daher geht mein Dankeschön an alle bisherigen und künftigen ProtagonistInnen sowie an Anja Kühner, die es schafft, ein Bild von den Menschen zu zeichnen, bei dem Freunde und Kollegen zustimmend nicken, in dem sich aber auch die Porträtierten wiederfinden und wohlfühlen.

Herzlichst, Ihre
Stefanie Hüthig

Inhaltsverzeichnis

Edeltraud Leibrock war schon immer interdisziplinär tätig. Deshalb fühlt sie sich in der Kreditanstalt für Wiederaufbau (KfW) auch so wohl. Im Oktober 2011 übernahm sie die im Vorstand neu geschaffene Position eines Chief Operating Officers und Chief Information Officers. Neben der IT gehören auch Organisation und Consulting sowie das Transaktionsmanagement zu ihrem Dezernat. „Mein Ziel sind exzellente Prozesse, von denen die ganze Bank profitiert. Dazu braucht es vor allem eine bereichsübergreifende Zusammenarbeit", beschreibt sie den Leitgedanken ihrer Arbeit in der KfW.

Dass die 48-Jährige „gerne über den Tellerrand hinausschaut", fiel schon früh auf. Ein Studienfach reichte ihr nicht, sie studierte Mathematik, schloss ein Physik- und Biologiestudium ab und promovierte. Ein Griff ins weiße Regal ihres KfW-Büros genügt, dann liegt die grün gebundene Doktorarbeit auf dem Tisch. Der Titel: „Entwicklung eines gaschromatographischen Verfahrens zur Spurenanalytik von oxidierten Kohlenwasserstoffen in Luft". Sich selbst beschreibt sie „schon als ehrgeizig und leistungsorientiert, vor allem aber neugierig und experimentierfreudig". Menschen, die schon „auf Chef studieren", sind ihr suspekt.

Nach zwei Jahren als Gastwissenschaftlerin in den USA suchte sie berufliches Neuland. „Natürlich wollte ich weiter analytisch arbeiten, jedoch mit einer größeren Reichweite und praktischer Relevanz. So kam ich in die strategische Unternehmensberatung zur Boston Consulting Group", erzählt sie: „Anfangs wollte ich zwei Jahre bleiben" – es wurden jedoch fast zehn Jahre. In der Strategieberatung konzentrierte sie sich zunächst auf IT-Themen. Sie sah schon damals: „IT-Strategie und Geschäftsstrategie müssen Hand in Hand gehen.

Läuferin mit klaren Zielen

Edeltraud Leibrock vereint COO- und CIO-Aufgaben in ihrem Vorstandsposten.

Mein Ziel sind exzellente Prozesse.

Die IT ermöglicht erst die Umsetzung. Sie ist nun einmal das Herz einer Bank. Ich hatte also schnell meine Aufgabe gefunden und betreute Kunden aus dem Finanzsektor." Als Beraterin kümmerte sie sich nicht nur um die IT, sondern „um den ganzen bunten Themenstrauß" von Kreditprozessen über das Risikomanagement bis hin zur Firmenkundenstrategie. „Das spannendste Projekt waren vier Monate als Projektleiterin in Peking bei der Bank of China", schwärmt sie.

Als dann das Angebot der BayernLB kam, als CIO und Generalbevollmächtigte den Bereich Group IT der Bank zu leiten, hörte sie auch auf ihr Bauchgefühl. „Ich wäge das Für und Wider genau ab, aber am Ende entscheidet das ‚Reizen-tät's-mich schon-Gefühl'",

beschreibt sie ihre Karriere-Entscheidungen. Genau so eine Entscheidung war auch die für die KfW zweieinhalb Jahre später. Das umfassende Modernisierungsprogramm der KfW voranzutreiben, habe sie „enorm gereizt". Von der Naturwissenschaft hat Leibrock aber nicht ganz Abschied genommen. Ihr Mann ist Physik-Professor. „So bin ich am Wochenende oft seine Probehörerin für Vorlesungen und Vorträge."

Auch privat setzt sich die zierliche Vorstandsfrau gerne selbst neue Ziele: Als begeisterte Läuferin schwärmt sie von ihrer Traumstrecke in einem Wüsten-Canyon Arizonas, läuft aber auch bei Schneefall in heimischen Gefilden. „Beim Laufen schalte ich ab und tanke Energie. Wenn der Kopf frei wird, kommen die Ideen von selbst", sagt Leibrock.

Vor anderthalb Jahren hat sie noch „einen Kindheitstraum verwirklicht" – und nimmt seither Klavierunterricht.

Nicht zuletzt ihr kulturelles Interesse hat ihr im vergangenen Oktober eine berufliche Zusatzaufgabe beschert: Sie wurde in den Vorstand der neu gegründeten KfW-Stiftung berufen.

„Genauso regional verwurzelt wie die Sparkasse bin ich es auch", bekennt Jürgen Schäfer. In Aschaffenburg ist er aufgewachsen, hat bei der Sparkasse seine Ausbildung gemacht – und ist inzwischen im Vorstand der Sparkasse Aschaffenburg-Alzenau. Seine Ernennung zum Vorstand des unterfränkischen Instituts im Jahr 2000 sei im Haus wohlwollend aufgenommen worden. „Die Kollegen haben sich gefreut, dass es einer aus den eigenen Reihen geschafft hat", erinnert er sich.

Auch nach dem Umzug ins Vorstandsbüro ist seine Tür stets offen. „Ich will für alle Mitarbeiter erreichbar sein", sagt Schäfer, der sich selbst als „in jeder Hinsicht offen – manchmal zu offen" bezeichnet. Er kommuniziere gern und freue sich, dass er im Haus als sehr verlässlich gelte.

„Mich hat es beruflich nie weggezogen", sagt Schäfer, der im Sommer seinen 50. Geburtstag feiern wird. Immer habe es im Haus interessante Aufgaben gegeben. Heute ist er unter anderem zuständig für Groß- und Firmenkunden, die er auch gerne in ihren Betrieben besucht. Denn „nur wer rausgeht, erhält das Gefühl für die Branche, für die Wettbewerbssituation und die Produktionsweisen der Kunden", ist Schäfer überzeugt: „Zahlen allein sagen nicht alles aus." Auch wenn die Region heute wirtschaftlich gut dastehe, sei das nicht immer so gewesen. Vom einstigen Textilstandort ist nicht mehr viel übrig. Da hätte auch die Sparkasse einige Erfahrungen mit Kreditausfällen durch Insolvenzen von Firmenkunden gemacht.

„Vielleicht schauen wir deshalb schon seit vielen Jahren – wenn nicht gar Jahrzehnten – immer sehr genau hin, blicken auf Chancen und Risiken und begleiten die Firmenkunden intensiv", sagt Schäfer. Er freut sich, „wenn Unternehmer von sich aus öffentlich kund-

Das orts-verbundene Eigengewächs

Jürgen Schäfer ist Vorstand der Sparkasse Aschaffenburg-Alzenau und in der Region zu Hause.

Mich hat es beruflich nie weggezogen.

tun, dass sie zufriedene Kunden der Sparkasse sind". So geschah es beispielsweise beim Richtfest des modernen Bahnhofsgebäudes. Seit dem Neubau der Sparkassen-Hauptstelle in den 80er Jahren lässt sich die historische Sparkassentür nur noch im obersten Stockwerk besichtigen. Schäfer führt Besucher gerne in den dahinterliegenden Konferenzraum. Vom Eckfenster schweift der Blick weit über Rathaus und Schloss bis zum Spessart.

Seinen Lieblingsweinberg kann er von dort oben allerdings nicht sehen. Seit vielen Jahren engagiert sich Schäfer ehrenamtlich als Schatzmeister des Behinderten-Hilfswerks „Lebenshilfe". „Das Amt habe ich vom ehemaligen Vorstandsvorsitzenden geerbt", beschreibt

er. Die Behinderten bewirtschaften einen Weinberg vor den Toren Aschaffenburgs und ernten jährlich Trauben für bis zu 5.000 Liter Rotwein. Mit einem Aroma von wilden Früchten hat der Spätburgunder vor Ort viele Anhänger – einer von ihnen ist Jürgen Schäfer.

Die Bürowände des Sparkassen-Vorstands sind in mediterranem Gelb gestrichen. „Ich brauche es warm und dem Meer zugewandt", sagt er. Doch im Urlaub am Mittelmeerstrand liegen, das ist nicht sein Ding. Stattdessen leiht er sich gerne ein Segelboot aus.

Auf die Frage nach seinen Hobbys meint Schäfer: „Neben Sparkasse, Haus und Garten bleibt keine Zeit für etwas anderes." Das stimmt allerdings nicht ganz, denn dreimal pro Woche zieht er nach der Büroarbeit seine Bahnen im Schwimmbad. Manchmal zeitlich auch zwischen Schreibtisch und einer Abendveranstaltung. „Das tut mir nicht nur gesundheitlich gut, ich kann im Wasser auch prima abschalten und die Arbeit hinter mir lassen", sagt Schäfer. Der Vorteil: So komme er nicht als Banker zuhause an, sagt der Vater von zwei inzwischen erwachsenen Söhnen.

"In meiner Verwandtschaft gibt es viele Handwerker und Unternehmer", sagt Rudolf Hammerschmidt. Das färbte auch auf ihn ab: „Ich führe die Bank, als würde ich für alle Risiken persönlich haften", sagt der Vorstandschef der Bank für Sozialwirtschaft (BFS). Dieses Unternehmer-Gefühl habe ihm den richtigen Weg gezeigt.

Seine Herkunft „aus einem kleinen Dorf im Taunus" erklärt einen großen Teil seines Lebenslaufs: Schon als 13-jähriger Junge wurde er Ersthelfer beim örtlichen Roten Kreuz und machte eine Ausbildung zum Rettungssanitäter. Statt in den väterlichen Steinmetzbetrieb einzusteigen („Ich habe zwei linke Hände, das wäre nicht gut gegangen"), studierte er lieber Jura und BWL. Während der Referendarzeit arbeitete Hammerschmidt am Institut für internationales Kreditrecht und promovierte dort. Sein Doktorvater machte ihn auf den DRK-Landesverband Rheinland-Pfalz aufmerksam, wo Hammerschmidt mehr als 16 Jahre tätig war – anfangs als Justiziar, zwei Jahre später als Geschäftsführer. Während dieser Zeit hob er eine Krankenhausgesellschaft mit aus der Taufe, die marode kommunale Kliniken übernahm und sanierte. So kam er in Kontakt mit dem Thema Krankenhausfinanzierung.

Hammerschmidt beschreibt sich selbst als „offen, direkt, fordernd und sehr strukturiert", auch auf seinem Schreibtisch herrsche immer Ordnung. Nur so hat er es wohl geschafft, neben dem Beruf noch zusätzlich in BWL zu promovieren. „Ich erfasse Zahlen fast fotografisch, das hilft, sich Wissen termingenau einzuverleiben", erklärt er.

Bei seinem Wechsel in den Vorstand der Bank für Sozialwirtschaft (BFS) im Jahr 1994 war er überzeugt, „nur ein paar Jahre zu bleiben".

PERSÖNLICH: RUDOLF HAMMERSCHMIDT

Unternehmer-Gefühl zeigt richtigen Weg

Professor Rudolf Hammerschmidt erfreut sich als Vorstandsvorsitzender an der Wachstumskurve der Sozialbank.

Spielräume, die ich in einem großen Institut nie hätte

Aber die Umwandlung des Instituts in eine AG, das Generieren frischen Kapitals und die strategische Umpositionierung zum Finanzierer von Immobilien im Sozial- und Gesundheitsbereich forderten ihn. Ihre heutige Aufstellung hat die BFS zu einem Gutteil ihm zu verdanken. Hammerschmidt bezeichnet das Haus als „betriebswirtschaftliches Institut mit angehängter Bank", weil Tochtergesellschaften in großem Umfang betriebswirtschaftliche Beratungsleistungen anbieten. Die Bank könne beispielsweise auf eine gigantisch große Datenmenge für ihre Risikoanalysen zugreifen, die durch fast 10.000 Betriebsvergleiche von ambulanten und stationären Pflegeeinrichtungen entstanden sei. „Ich habe bei der BFS Gestaltungsspielräume, die ich in einem großen Institut nie hätte", begründet der Banker, weshalb er noch heute für die Sozialbank tätig ist.

Wie viele Zahlenmenschen hat auch er sich dem Schachspiel verschrieben. Schon als Jugendlicher spielte er in der Landesklasse. Doch als Hobbys nennt er Reisen und Wandern. Gentlemenlike ist seine Passion für englische Oldtimer, weshalb die „TechnoClassica" in Essen seine Lieblingsmesse ist.

Nächstes Jahr im Mai wird sich Hammerschmidt in den Ruhestand verabschieden. Aber ruhig wird sein Leben wohl nicht werden. Zunächst möchte er den St. Lorenz-Strom in Kanada erkunden. Dem Golfen wird er sicherlich auch etliche Stunden widmen und sein Handicap verbessern. Ob der Stapel ungelesener Bücher dann allerdings geringer wird, ist längst nicht ausgemacht: „Ich lese alles, was mir in die Finger kommt." Derzeit liegt das Buch „Ich bin dann mal weg" von Hape Kerkeling auf seinem Nachttisch, denn ein Stück des Jakobswegs zu erwandern, hat er sich auch vorgenommen. Und vor allem möchte er gerne seine Vortragsaktivitäten wieder ausweiten.

RaboDirect-Chef Klaus Vehns trägt nur Krawatte, wenn es unbedingt nötig ist. Dem 44-Jährigen kommt die „Prise Start-Up-Atmosphäre" der im Sommer 2012 in Deutschland gestarteten Direktbank-Tochter der niederländischen Rabobank entgegen. Doch sei es eine „riesige Herausforderung, in den nächsten Jahren diese Anfangseuphorie in Wachstumsenergie zu transformieren", sagt Vehns. „In den ersten Wochen haben wir eine wahnsinnige Achterbahnfahrt hingelegt, das war unglaublich emotional." Inzwischen belegt die Direktbank die komplette 15. Etage des Frankfurter „Scala West"-Hochhauses. Aus dem nach der Käsesorte „Gouda" benannten Konferenzraum blickt Vehns auf den „Keks" des Radisson-Hotels. Alle Mitarbeiter duzen sich bei der RaboDirect. „Das kommt durch den holländischen Einfluss unserer Mutter", erklärt Vehns. Die genossenschaftliche Rabobank zählt er zu den sichersten Banken der Welt. So erklärt er auch, dass RaboDirect schon im ersten halben Jahr ihres Deutschland-Starts rund 2,8 Mrd. Euro Einlagen eingesammelt hat. „Dieser Erfolg ist aber nicht überraschend, weil der Markt groß ist und die Anleger nicht nur auf gute Konditionen, sondern eben auch auf Sicherheit achten." Bis Ende 2013 sollen es rund 5 Mrd. Euro Kundeneinlagen werden. Dieses rasante Wachstum werde sich auch mal abschwächen. 2013 stehe eher im Zeichen von Prozessoptimierung und Effizienzsteigerung.

Vehns sagt über sich selbst, er habe „eine nett-nervige Art, immer wieder nachzuhaken, wie weit eine Aufgabe vorangekommen" ist. Als Chef sei er „total durchschaubar, nahbar und manchmal zu nett". Er habe „immer ein Ohr für die Kundenbetreuer und hört selbst Kundengespräche mit". Banker wurde der Wahl-Hamburger Vehns

PERSÖNLICH: KLAUS VEHNS

Im Spannungsfeld des Geldes

Klaus Vehns, Geschäftsführer der RaboDirect Bank Frankfurt am Main, treibt das Wachstum weiter voran.

> Als Chef total durchschaubar, nahbar und manchmal zu nett.

„im Grunde zufällig". Nach Abitur und Bundeswehrzeit suchte er eine Ausbildungsstelle, war „beeindruckt von der damals zweitgrößten Bank Deutschlands, der WestLB" – und wurde Bankkaufmann. An Geld fasziniert ihn das „Spannungsfeld zwischen Bedeutungslosigkeit und unglaublicher Wichtigkeit". Wie dieser Schmierstoff zum Funktionieren der Gesellschaft beiträgt, wollte er mit einem Volkswirtschaftsstudium herausfinden. Im Anschluss war er bei der Landesbank Schleswig-Holstein für Schiffsfinanzierungen im internationalen Kreditgeschäft zuständig. Das Institut schickte ihn als Verantwortlichen für das Südostasien-Geschäft nach London. Dort lernte er die Gründer einer irischen Internetbank kennen und wechselte 2000 als Leiter Business Development zur first-e Bank. Ein Jahr

später ging sie mit dem Platzen der Internetblase 2001 unter, und er ging zur Comdirect Bank, wo er für die Unternehmensentwicklung zuständig war. „Als begeisterter Autofahrer und Anhänger der Marke BMW konnte ich zum Angebot der BMW Bank nicht Nein sagen." So wurde er deren Leiter Business Line Banking. Nach acht Jahren in München lockte ihn die RaboDirect: „Manchen Angeboten kann ich einfach nicht widerstehen", kommentiert Vehns den Wechsel zu dem niederländischen Institut. „So oft kann man nicht auf der grünen Wiese eine Direktbank aufbauen." Genau wie während seiner Münchener Zeit ist er auch jetzt in Frankfurt am Main ein Wochenendpendler. Vehns hat eine kleine Wohnung in der Nähe der Bank gemietet, läuft fast täglich zu Fuß zur Arbeit und fährt freitags nach Hamburg zur Familie. Viel Zeit für Hobbys bleibt nicht, obwohl er inzwischen genau wie sein Sohn Feldhockey spielt. „Ich war schon immer ein Typ für Mannschaftssportarten. Laufen, Schwimmen und Radfahren kann ich nichts abgewinnen", sagt Vehns.

B irgit Roos liebt das Spiel mit Vorurteilen. Als sie 2009 als eine von zwei weiblichen Vorständen neu in das Führungsgremium der Stadtsparkasse Düsseldorf bestellt wurde, kommentierte Birgit Roos den Vorwurf der „Quotenfrauen" trocken mit dem Hinweis, sie sei in Wirklichkeit nur auf diesen Posten gekommen, „damit endlich ordentlicher Kaffee gekocht würde".

Die promovierte Volkswirtin begann ihre Karriere bei der Düsseldorfer Handwerkskammer und baute in der Stadt Meerbusch die Wirtschaftsförderung mit auf. Erst danach startete sie in der Bankenwelt durch. Bei der WestLB war sie unter anderem für die Investitionsbank NRW zuständig und leitete den Marktbereich Wirtschaftsförderung der NRW.Bank. Als 2004 die Investitionsbank Berlin (IBB) von der Landesbank Berlin abgespalten wurde, wechselte sie in die Hauptstadt und verantwortete fünf Jahre lang den Bereich Marktfolge. Anschließend gehörte sie drei Jahre dem Vorstand der Stadtsparkasse Düsseldorf an und war zuständig für Marktfolge, Risikomanagement, Services und Produktion.

Seit April 2012 ist Birgit Roos Vorstandsvorsitzende der Sparkasse Krefeld – und damit in den Ort aus ihrer Schulzeit zurückgekehrt. „Der Headhunter, der mir diesen Posten anbot, wusste nicht, dass ich in Krefeld Abitur gemacht habe", sagt Roos. „Meine professionellen Wanderjahre haben nun ein Ende."

Nur weil sie noch neu im Haus sei, müsse sie nicht alles ändern: „Die Mitarbeiter kennen ihr Umfeld viel besser als ich", bekundet Roos Vertrauen. Vom Vorgänger hat sie auch die Büroeinrichtung inklusive der Kunstwerke übernommen. „Da bin ich pragmatisch", sagt sie. Dinge wie die Bürogestaltung sollten nicht zu bedeutsam

Die gern mit Vorurteilen spielt

Dr. Birgit Roos kehrte als Vorstandsvorsitzende der Sparkasse Krefeld an den Ort ihrer Kindheit zurück.

Ich hatte immer den Drang zur Realwirtschaft.

werden. Heute sei sie insgesamt viel gelassener als früher. Geändert hat sich mit der neuen Vorstandschefin allerdings die Kommunikation im Haus. „Sie ist eine gute Zuhörerin, interessiert sich für das Gesagte und reagiert auch darauf", beschreibt ein Mitarbeiter.

Jahrelang war Birgit Roos als Mentorin aktiv und gibt jungen Menschen den Tipp, sich nicht zu sehr auf einen Karriereweg festzulegen, denn: „So verbaut man sich Chancen", sagt die 54-Jährige. Sie habe ihre eigene Bank-Karriere „nicht betrieben, sondern immer die Chancen ergriffen". Was heute in Bankerkreisen en vogue ist, nämlich sich von den „zockenden Investmentbankern zu distanzieren", das lebt Roos seit jeher. „Ich hatte immer einen Drang zur Realwirtschaft", sagt sie. Der „Umgang mit Geld um des Geldes willen" sei nie

ihr Ding und daher Investmentbanking für sie nie ein Thema gewesen.

Eher auf ihrer Linie ist eine fast schon wissenschaftliche Gründlichkeit, die nicht zuletzt ihrer Neugierde zu verdanken ist. „Ich grabe mich in manche Themen regelrecht ein", gibt sie zu – und weist auf ihren Schreibtisch. Dort misst der höchste Papier- und Aktenstapel geschätzte 30 Zentimeter. Doch ohne den täglichen Umgang mit Menschen würde ihr etwas fehlen.

Papier mag sie auch in Buchform, zum Schmökern komme sie aber nur im Urlaub. Doch Urlaube sind nicht nur zum Lesen da. „Ich wandere gerne, am liebsten in Schwarzafrika", erzählt Roos. Tansania und Sambia sind ihre Lieblingsländer. „In der Ferne gelingt es am besten, Abstand zu den heimischen Problemen zu bekommen", so Roos. Auf den Kilimandscharo habe es aber nur ihr Mann geschafft, bei ihr selbst hätte die Fitness nicht gereicht. „Ich mache keinen Sport, bewege mich aber regelmäßig, fahre gerne locker Rad und gehe wandern." So hat sie es geschafft, beim Gesundheitstag, den die Sparkasse für ihre Mitarbeiter anbietet, „gar nicht so schlecht abzuschneiden".

Kaum ein anderer Banken-Chef ist noch länger im Amt als Manfred Gerhard. „Silbernes Jubiläum" feierte der 55-Jährige im Jahr 2012, denn seit einem Vierteljahrhundert ist er Vorstand der heutigen VR Genossenschaftsbank Fulda – und hofft voller Tatendrang auf weitere „zehn gute Jahre".

Da er den Hof seiner Eltern im Landkreis Fulda nicht übernehmen wollte, machte er eine Ausbildung zum Bankkaufmann. „Den Hof gibt es aber noch", sagt Gerhard, er sei heute verpachtet. Seine Bankentätigkeit hat „mein Interesse am Umgang mit Zahlen und Menschen optimal zusammengeführt". Einige Jahre lang war er Abschlussprüfer im Verband und prüfte unter anderem auch die Bilanzen der Vorgängerinstitute. Doch er „wollte nicht nur prüfen und nachvollziehen, sondern selbst etwas unternehmen", erklärt Gerhard seine Motivation, 1986 als Prokurist bei der VR Genossenschaftsbank Fulda anzufangen. Schon nach einem Jahr wurde er geplant zum Vorstand bestellt.

Zwischen 1987 und 2001 befand sich das Institut in einem permanenten Fusionsprozess. „Aus sieben mach eine", beschreibt Gerhard seine Aufgabe. „Als ich ins Haus kam, da hatte die Bank 45 Mitarbeiter und eine Bilanzsumme von 160 Mio. DM", erinnert er sich. Inzwischen sei es auf 280 Mitarbeiter und knapp 1,1 Mrd. Euro Bilanzsumme im Jahr 2011 bei sehr stabilen wirtschaftlichen Verhältnissen gewachsen.

Zum Gelingen der fortwährenden Integration trug sicherlich bei, dass Gerhard ein „leidenschaftlicher Personaler" ist: „Wer Menschen nicht mag, kann als Banker nicht gut sein", ist seine Überzeugung.

> Erfolg bedeutet, auch im Geschäftsleben einen respektvollen und wertigen Umgang zu wahren.

Ihn interessiere das Gegenüber. „Ich denke mich gerne in andere hinein, in den Kunden ebenso wie in Mitarbeiter." Sein Lebensziel sei es, den Menschen, denen er begegnet, auch gerecht zu werden. Daher bedeute „Erfolg, auch im Geschäftsleben einen respektvollen und wertigen Umgang zu wahren", so der gläubige Katholik.

Eine der Folgen dieses wertschätzenden Umgangs sei es, dass mehr als 70 % der Mitarbeiter bereits länger als zehn Jahre bei der Bank beschäftigt seien. „Ich kenne jeden Mitarbeiter, spätestens im zweiten Ausbildungsjahr auch die Azubis", sagt Gerhard. Ebenso stolz ist er darauf, „Betriebe wachsen zu sehen, bei denen man durch die Finanzierung mitgearbeitet hat". Für die Zukunft hat er sich eine

Seit 25 Jahren im Chefsessel

Seit mehr als einem Vierteljahrhundert ist Manfred Gerhard Vorstand der VR Genossenschaftsbank Fulda.

Intensivierung der Führungsbeziehungen auf die Fahne geschrieben – und sich vorgenommen, „die Außenbeziehungen der Bank auszubauen: „mehr Firmenbesuche, engerer Kontakt zu Behörden, mehr Kontakt mit Kollegen".

Sich selbst beschreibt er als „manchmal guter Zuhörer, manchmal zu ungeduldig, doch im Grunde geduldig, durchaus fordernd – und vor allem immer interessiert an guten Gesprächen". Gerhards Interessen sind breit gefächert: von technologischen Entwicklungen, zum Beispiel neuen Heizungstechniken, über Geschichte, Architektur bis zu Reisen. Am liebsten verbringt er seine Freizeit draußen, freut sich über die Bewegung bei den Spaziergängen mit dem Familien-Foxterrier. Da seine Frau bis vor Kurzem aktive Turnierreiterin war, besuchen sie an den Wochenenden gemeinsam Spring- und Dressur-Wettkämpfe. Mehrmals pro Woche geht er morgens vor der Arbeit ins Fitnessstudio zum Ausdauer- und Rückentraining.

Als Morgenmensch macht es ihm auch nichts aus, einen seiner beiden erwachsenen Söhne früh um sieben an der Bahn abzusetzen. „Er absolviert momentan eine Ausbildung zum Bankkaufmann bei der Kasseler Bank", erzählt Gerhard und blickt zufrieden. „Neulich wollte er sein Zeugnis mit meinem vergleichen, aber ich kann mich auch sehen lassen", sagt er schmunzelnd.

Mehr als 20 Jahre lang hat Christian Polenz Eishockey gespielt und es vom Herner EV bis in die zweite Bundesliga geschafft. Aus dieser Zeit stammt auch das berufliche Erfolgsrezept des Vorstands der TeamBank: „Immer ein Tor mehr schießen als der Gegner." Und noch eine Erkenntnis aus seiner Sportlerkarriere hat er in die Bankenwelt hinübergerettet: „Wenn wir einen Erfolg erzielt haben, dann halten wir auch inne, würdigen und feiern ihn." Bei Projekterfolgen gibt es dann schon mal Eis für alle.

Dass er Banker wurde, lag nahe: „Vater und Onkel sind Banker, da war mir die Bankenwelt schon als Kind sehr vertraut." Nach dem Abitur in Herne und einer Ausbildung bei der Deutschen Bank in Recklinghausen wechselte Polenz konzernintern nach Frankfurt. Berufsbegleitend studierte er an der Bankakademie Hannover. Nach einem Abstecher zur Norisbank war er für die Bayerische Hypo- und Vereinsbank tätig, bevor diese die Kredittochter an die DZ Bank verkaufte. Die Filialen gingen an die Deutsche Bank, die Mitarbeiter und die Produktmarke easyCredit wurden Teil der genossenschaftlichen FinanzGruppe. Das neue Institut firmierte – nomen est omen – als TeamBank. Inzwischen ist easyCredit bei rund 80 % aller deutschen Volksbanken und Raiffeisenbanken erhältlich. Seit 2010 ist Polenz Mitglied des Vorstands und verantwortet als COO die Bereiche der Produkt-, Produktions- und Portfoliobank.

Genau wie ein einzelner Eishockeyspieler kein Spiel gewinnen kann, so wenig macht ein einzelner Mitarbeiter eine erfolgreiche Bank aus. „Der Name TeamBank passt perfekt", sagt Polenz, „wir stehen für einen besonders ausgeprägten Teamgeist." Der lässt sich auch daran erkennen, dass sich alle drei Vorstände mit ihren Assistentinnen ein einziges großes lichtdurchflutetes Büro teilen. Der Teamgedanke spiegelt sich auch in der Du-Kultur wider, selbst der Pförtner duzt die Vorstände. Der 43-jährige Polenz sieht sich „als

PERSÖNLICH: CHRISTIAN POLENZ

Von der Bundesliga ins Banken-Team

Unverändert zählt Christian Polenz zum Vorstand der Nürnberger TeamBank.

> Lieber ein zufriedener Nicht-Kunde als ein unzufriedener Kunde.

derjenige Teil des Teams, der initiiert, inspiriert und für die richtige Dynamik sorgt", und vergleicht seine Führungsrolle mit der eines Dirigenten: Der sei nicht zwingend der beste Geiger. Es sei für die Mitarbeiter ohnehin motivierender, sich zu entwickeln, wenn die Führungskraft nicht auch die beste Fachkraft sei.

Seine Frau sei der Technik-Freak in der Familie, während er nicht ganz ohne Hintergedanken den „DAU, den Dümmsten Anzunehmenden User" gebe, so Polenz. „Das ist die beste Herangehensweise, um zu testen, ob ein Thema wirklich einfach und verständlich ist." Unter seinem „Innovationstrieb" müsse die Organisation mitunter „leiden", bekennt Polenz schmunzelnd. In irgendeiner Form Druck auszuüben, sei aber bei der TeamBank nicht nötig. Die Mitarbeiter stünden neuen Herausforderungen positiv gegenüber und nutzten den ihnen überlassenen Raum für Kreativität konstruktiv.

Begeisterung gehe über die Emotion, nicht über den Kopf, weiß Polenz – und vor allem die Mitarbeiter müssten begeistert von Bank und Produkt sein. Nicht ohne Stolz weist er in diesem Zusammenhang darauf hin, dass die TeamBank zu den beliebtesten Arbeitgebern Deutschlands gehört. Und weil die Sache mit der Begeisterung auch nach außen gelebt wird, steht er voll hinter dem Leitsatz: „Lieber ein zufriedener Nicht-Kunde als ein unzufriedener Kunde."

Seine Profisportler-Zeiten sind vorbei, doch im Fitnessraum verbringt er fast jeden Abend eine Stunde. Und jedes Jahr nimmt er sich etwas Außergewöhnliches vor: 2011 war es die Alpenüberquerung mit dem Mountainbike, 2012 der Motorrad-Führerschein. Nun kurvt der Vater zweier Kinder mit der Ducati durchs fränkische Mittelgebirge.

Als typisches Kind des Ruhrgebiets träumte er als Junge von einer Karriere als Profifußballer. Doch der ältere Bruder ist Banker, und „so bin ich vorgeprägt gewesen", beschreibt Klaus Siegers, Vorsitzender des Vorstandes der Weberbank, seine Anfänge in der Finanzwelt. Nach Stationen bei der WestLB in Düsseldorf und London führte sein Weg nach München. Dort betreute er für die Bayerische Hypotheken- und Wechsel-Bank AG ausländische Anleger beim Erwerb von deutschen Aktien und Anleihen. „Ich profitiere noch heute davon, das Geschäft von Grund auf in allen Facetten gelernt zu haben und selbst beurteilen zu können, was die Attraktivität einer Aktie ausmacht", sagt Siegers. Weitere Erfahrung in der Betreuung von vermögenden Anlegern sammelte er als Geschäftsführer der Kapitalanlagegesellschaft SMH Investment in Luxemburg. Insgesamt mehr als zehn Jahre lang war er bei der UBS Deutschland bzw. dem Vorgängerinstitut Schröder Münchmeyer Hengst & Co. tätig, zuletzt als Niederlassungsleiter in Düsseldorf und Luxemburg.

Im Jahr 2005 kam er dann zur Berliner Weberbank. Als seine wesentliche Aufgabe sieht er es an, die Marktführerschaft vor Ort im gehobenen Privatkundengeschäft weiter auszubauen. Parallel bietet die Weberbank als Tochter der Mittelbrandenburgischen Sparkasse ihre Dienstleistungen auch anderen Sparkassen an. „Wesentliches Merkmal unserer Strategie ist, dass der Kunde Kunde der lokalen Sparkasse bleibt. Denn Kundenbeziehungen kann man nicht teilen", so Siegers. Da die Weberbank räumlich nicht in der Nähe sei, bestehe für die Institute in keinem Fall das Risiko, dass ihnen Kunden abspenstig gemacht würden.

Bei der Betreuung von vermögenden Privatkunden empfindet Siegers es als „großes Glück, an Lebenswegen interessanter Persönlichkeiten – seien es Unternehmer oder Künstler – teilhaben zu dürfen und sie im Finanziellen begleiten zu können". Für seine Kunden ist der

Direkt und offen – wie Berlin

Unverändert bekleidet Klaus Siegers den Posten des Vorstandsvorsitzenden der Weberbank.

Kundenbeziehungen kann man nicht teilen.

Vorstandschef immer erreichbar: „Die Möglichkeit ist enorm wichtig, bei Bedarf zum Chef selbst einen direkten Draht zu haben." Persönlicher Kontakt sei eben bei Kundenbeziehungen das Wichtigste, da sich nur so eine vertrauensvolle Basis entwickeln kann. Entsprechend wichtig sind Siegers das gesellschaftliche Engagement und die persönliche Vernetzung – auch seiner Kollegen – vor Ort. Denn nur wer seine Kunden und deren individuelle Bedürfnisse kennt, kann in ihrem Interesse handeln und Nutzen für sie schaffen.

Der Vater von drei Kindern sieht sich selbst als „Orientierungsgeber" für seine Mitarbeiter. Um den regen Austausch zu ihnen zu erhalten, hat er neben den üblichen Besprechungen eine Mitarbeiterrunde zum Mittagessen eingeführt.

Sich selbst beschreibt er als „verbindlich, nachhaltig und begeisterungsfähig, vor allem für neue Ideen und Wege abseits vom Mainstream". Neben der Familie bleibt aber kaum Zeit für sein Hobby Fotografie. Beim Sport macht der 52-Jährige jedoch keine Abstriche. Regelmäßig joggt er im Grunewald, spielt im Urlaub Golf. Sein Bewegungsdrang führt dazu, dass „ich immer auf und ab flitze, wenn ich telefoniere", gibt er zu. Die aktive Zeit als Fußballer ist zwar vorbei, doch Besuche im Fußballstadion „müssen einfach sein". Und obwohl die Weberbank seit 2009 Hertha BSC unterstützt, schlägt sein Herz für Borussia Dortmund. „Ich kann nicht anders, als beim BVB Mitglied zu sein", bekennt der gebürtige Oberhausener, der offen zu seiner Heimat steht. Und Siegers zieht eine Parallele zur Hauptstadt: „Auch die Berliner zeichnen sich durch ihre direkte und offene Art aus, da fällt es leicht, sich zuhause zu fühlen."

Banker in zweiter Generation

„Wir haben das Nachhaltigkeits-Gen im Unternehmen", beschreibt Vorstandssprecher Dr. Wolfgang Kuhn die Südwestbank – aufgrund ihrer Herkunft aus der Landwirtschaft. Bodenhaftung ist auch einer seiner Charakterzüge, er kam aus dem Oberschwäbischen nach Stuttgart. Sein Vater war Vorstandsvorsitzender der Volksbank Biberach. Dessen Engagement hatte seinerzeit mit zur Einrichtung des ersten gemeinsamen Rechenzentrums der württembergischen Genossenschaftsbanken geführt. Sohn Wolfgang wäre eigentlich gerne Schauspieler geworden, stattdessen studierte er BWL, promovierte in Nürnberg – und arbeitete neben dem Studium im Schichtdienst in ebendiesem Rechenzentrum.

Um die bereits begonnene Habilitation nebenberuflich fertigzustellen, fehlt die Zeit. Doch der Kontakt zur Wissenschaft ist eng, er unterrichtet am Lehrstuhl für Finanzierung und Bankwirtschaft der Universität Leipzig. „Durch Fallstudien der Studenten erhalte ich Impulse, die man auch in der Bank umsetzen kann", so Kuhn. Ein nicht zu unterschätzender Vorteil sei, auf diese Weise den direkten Zugang zu gutem Nachwuchs zu haben. Vier- oder fünfmal habe er bereits Talente direkt von der Uni in die Bank geworben. Manchmal sei Bodenständigkeit auch im „War for Talents" ein Plus, wenn beispielsweise ein schwäbischer Banker nach einer Karriere in Frankfurt wieder zurück in die Heimat wolle.

Seine eigene Bankerkarriere begann Kuhn als Vorstandsassistent bei der Stuttgarter Bank, dann wechselte er in den Vorstand des Bankhauses Bauer und wurde dessen Sprecher. 2006 kam er als Vorstand zur Südwestbank. Zwei Jahre zuvor war das Institut an die Santo Holding der ehemaligen Hexal-Eigentümer Andreas und Thomas Strüngmann verkauft worden. Die Bank scherte daraufhin aus dem genossenschaftlichen Verbund aus und stellte sich breiter auf, übernahm 2007 die Mehrheit am Stuttgarter Versicherungsmakler Ellwan-

Dr. Wolfgang Kuhn ist bei der Südwestbank noch immer als Vorstandssprecher in Amt und Würden.

> Durch Fallstudien der Studenten erhalte ich Impulse, die man auch in der Bank umsetzen kann.

ger & Kramm und gründete eine Immobiliengesellschaft. Allerdings hielten die Ergebnisse mit der Ausweitung der Geschäfte nicht Schritt, der damalige Vorstandschef schied aus und Kuhn rückte auf. Inzwischen hat sich die Südwestbank zur zweitgrößten unabhängigen deutschen Privatbank mit 4,2 Mrd. Euro Bilanzsumme entwickelt.

Nicht nur die Entwicklung des Unternehmens fasziniert ihn, sondern auch die seiner Mitarbeiter. „Herauszufinden, was den Einzelnen motiviert – ob Geld, Freiheit, Wissen", das mache seinen Füh-

rungsstil aus, der dem eines „Spielertrainers" gleiche. Sich selbst beschreibt Kuhn als „zielstrebig, neugierig und offen für fast alles".

Gerne amüsiert er seine Zuhörer mit Familienanekdoten. „Mein Vater musste mich zum Deep-Purple-Konzert fahren, nun habe ich meinen Sohn zum David-Guetta-Konzert begleitet – jetzt kann ich mitschwätzen", berichtet er, ehemaliger Sänger einer Schulband, schmunzelnd, wenn das Gespräch auf Musik kommt. Auch technischen Neuerungen gegenüber ist er aufgeschlossen. Der Oft-Flieger nutzt beispielsweise die Augenkontrolle am Flughafen in Verbindung mit dem elektronischen Personalausweis. Die nützlichste Anwendung auf dem iPhone ist für Kuhn die Taschenlampen-App, die ihm bei nächtlichen Spaziergängen schon gute Dienste geleistet habe.

Neben „gemütlichen Tennis-Doppeln" und Skipiste trägt auch der Familienhund zur Fitness bei, ihn führt Kuhn zum „Rentnerjoggen" aus. Der Weinliebhaber nennt 2.000 Flaschen sein Eigen, ein Großteil davon württembergische Weißweine und Barolo. „Im Piemont kenne ich alle Inhaber der Top-Weingüter", bekennt Kuhn, Anhänger der Slow-Food-Bewegung, der lieber gar kein Fleisch isst als schlechtes.

Der orangefarbene Muranoglas-Kronleuchter über dem Konferenztisch der Sparda-Bank Berlin ist seine Sache nicht. Frank Kohler macht daraus einen „Running Gag" und bietet ihn jedem Besucher an. Aber hergeben würde er ihn doch nicht. „Er sorgt für einen humorvollen Beginn von Gesprächen – und ist außerdem so hässlich, dass ich ihn schon wieder cool finde", sagt der gebürtige Pfälzer, der mit 39 Jahren Anfang März einer der jüngsten Vorstandschefs einer deutschen Bank wurde.

Ein Ferienjob als Schüler beim genossenschaftlichen Rechenzentrum in Karlsruhe war sein Einstieg in die Bankenwelt. Schon mit 15 wollte er Banker werden, so sehr faszinierte ihn die Stellung von Geldinstituten im Wirtschaftssystem. Sein Politikstudium in Berlin finanzierte er sich durch einen Studentenjob bei der Berliner Volksbank. „Das machte mehr Spaß als das Studieren", gibt er zu. Vom Studium wollte er „eigentlich nur weg", weshalb er es in Minimalzeit durchzog. Persönlich konnte er der Fusion der drei großen Berliner Genossenschaftsbanken – Grundkreditbank, Köpenicker Bank und Berliner Volksbank – „Gutes abgewinnen". „Durch die Verschmelzung der drei Institute kam ich in Strategieprojekte, die mir den Luxus erlaubten, ungeheuer viel in sehr kurzer Zeit zu lernen", erklärt er. Insgesamt blieb er zwölf Jahre bei der Berliner Volksbank, zuletzt war er als Bereichsleiter Finanzen tätig.

Ein Headhunter warb ihn 2009 zur genossenschaftlichen Konkurrenz vor Ort ab: Die Sparda-Bank Berlin ist die mitgliederstärkste Genossenschaftsbank Deutschlands und das einzige Geldinstitut für den gesamten Osten, ihr Geschäftsgebiet umfasst alle neuen Bundesländer und Berlin. Mit der Berufung zum Vorstandschef übernahm Kohler Verantwortung für über eine halbe Million Kunden und rund 700 Mitarbeiter. Seinen Job beschreibt Kohler als „an großen Herausforderungen mit motivierten Leuten konzentriert zu

Ein Pfälzer für den Osten

Frank Kohler bekleidet nach wie vor denselben Vorstandsposten.

> **Nur wenn sich ein Institut ständig hinterfragt und ändert, wird es die Bank in 20 Jahren noch geben.**

arbeiten und – trotz sehr ernster Themen – auch Spaß dabei zu haben". Sachorientierung sei für ihn wichtiger als Political Correctness: „Ich rede gerne Klartext, da wissen alle, wo sie dran sind."

Kohler ist überzeugt: „Nur wenn sich ein Institut ständig hinterfragt und ändert, wird es die Bank in 20 Jahren noch geben." Inspiration gibt ihm dabei auch der verstorbene Apple-Chef Steve Jobs, dessen Biografie er „trotz viel zu wenig Zeit zum Lesen" verschlungen habe. Von iPad und iPhone bis Apple-TV besitzt Kohler alles. Vor allem die TV-Lösung hat es ihm aktuell angetan: „Ich fotografiere gerne und habe nun die Möglichkeit, die digitalen Bilder anschließend im Großformat auf den Fernsehbildschirm und somit wieder ins Leben zu bringen." Musikalisch geht für ihn nichts über Depeche Mode, kaum ein Deutschland-Konzert hat der Fan verpasst.

Eine Maxime Kohlers lautet „Fokussierung". Er bewundert, dass sich die Sparda-Bank Berlin nie hat abbringen lassen von ihrer Ausrichtung auf Privatkunden: „Der Erfolg gibt uns recht: Die Bank wächst kontinuierlich, sowohl bei der Mitgliederzahl als auch im originären Kundengeschäft." Schon bald nach seinem Start als Vorstandschef konzentrierte Kohler auch das soziale Engagement der Bank auf das Thema Krebshilfe, „das keine schönen Bilder produziert, aber wir wollen auch keine schönen Bilder. Wir wollen helfen".

Zu Bargeld hat Kohler ein eindeutiges Verhältnis: „Ich habe nie Bargeld dabei." Bei Restaurants mag er keine Dogmen: „Ob Currywurst oder Sterneküche – gut muss sie sein." Sein Wein-Fokus ist eindeutig: „Riesling ist meine Religion", sagt er – und verweist auf seine pfälzischen Wurzeln.

Ed Langendam ist ein Grenzgänger: Der Country Manager der NIBC, ehemaliges niederländisches Pendant der KfW, wuchs nur knapp jenseits der deutschen Grenze auf. „Informell wie ein Holländer, aber verbindlich wie ein Deutscher", sieht er sich selbst.

Ab seinem sechsten Lebensjahr fuhr Langendam jedes Wochenende die rund 35 Kilometer zum Segeln an den Wisseler See am Niederrhein. „Da habe ich mein Deutsch gelernt", erklärt der Bankmanager – fast akzentfrei. Bei den dort ausgetragenen Regatten sowie bei internationalen Meisterschaften segelte er im deutschen Team.

Im internationalen Wettbewerb fühlt sich der 54-Jährige zu Hause. Obwohl er aus einer Familie mittelständischer Unternehmer kommt und seine Eltern einen Großhandel führten, wollte er sein Jurastudium selbst finanzieren und ist stolz darauf, „den Wert von Geld zu kennen". Insgesamt 23 Jahre lang war er bei der ABN AMRO Bank beschäftigt, bekleidete verschiedene Positionen in den Niederlanden und auch Deutschland. Unter anderem war er zuständig für den Bereich Automotive. „Daher kommt vielleicht meine Liebe zum Auto", vermutet Langendam, der selbst alle Führerscheine besitzt. Als Vorstandsmitglied der ABN AMRO Bank (Deutschland) AG verantwortete er den Bereich Corporate Banking und die deutschen Niederlassungen. 2008 wechselte er zur NIBC, im November 2009 wurde er zum Country Manager in Deutschland ernannt.

Traditionell konzentrierte sich die NIBC auf Firmenkunden, war spezialisiert auf „Asset based Finance". Vor viereinhalb Jahren, in der Finanzkrise, gründete NIBC eine Internet-Sparbank, die seit drei Jahren auch in Deutschland aktiv ist. Separate Deutschland-Zahlen weist die NIBC nicht aus, aber insgesamt legten Kunden über die Online-Bank bisher mehr als 6 Mrd. Euro an. „Deutschland ist nicht unwichtig für die Bank weltweit", erläutert Langendam. NIBC betrachte Deutschland neben den Benelux-Staaten als Heimat-

PERSÖNLICH: ED LANGENDAM

Holländer mit deutscher Seele

An der Position von Ed Langendam als Country Manager Deutschland der NIBC hat sich seit Erscheinen des Porträts im BANKMAGAZIN nichts geändert.

> Ich gehe vom Können der Mitarbeiter aus, gewähre Freiheiten, möchte aber auch immer informiert sein.

markt. „Unser Geschäft in Deutschland fahren wir nicht zurück, sondern wir werden weiter wachsen", ist Langendam sicher.

Rund ein Zehntel der 700 NIBC-Mitarbeiter arbeitet in Frankfurt. Für sein Team möchte er so etwas wie ein guter Vater sein. „Die menschliche Komponente ist mir sehr wichtig", so Langendam, den nicht nur die Zahlen seiner Niederlassung interessieren, sondern auch, wie es den Mitarbeitern geht. „Ich gehe vom Können der Mit-

arbeiter aus, gewähre Freiheiten, möchte aber auch immer informiert sein", beschreibt Langendam seinen „immer von Vertrauen geprägten Führungsstil". „Ich bin WYSIWYG", sagt er über sich selbst: What you see is what you get. „Wer auch nur fünf Minuten mit mir spricht, weiß, wen er vor sich hat."

Das NIBC-Unternehmenskonzept hat sich in den vergangenen Jahren kräftig verändert: „Wir haben uns neu aufgestellt, versuchen nun, die Kunden ganzheitlich zu beraten und nicht mehr nur Spezialfinanzierungen auf die Beine zu stellen", sagt Langendam. Dabei komme die NIBC deutschen Banken jedoch nicht in die Quere: „Wir bieten einige Produkte nicht an, sind daher nicht die Hauptbank, sondern komplementärer Partner der deutschen Institute." Allerdings sei Deutschland der Wachstumsmarkt schlechthin: „Es gibt viel Platz, um im mittelständischen Markt zu wachsen."

Neben dem Segeln war Hockey Langendams zweite Leidenschaft. Heute macht er Fitness, schwimmt und wandert. Wichtiger als Arbeit und Sport ist für Langendam aber die Familie: Sechs Kinder und der erste Enkel locken ihn regelmäßig nach Nijmegen zurück.

Johannes Werner ist überzeugt, dass seine Karriere heute nicht mehr machbar sei. „Heute hätte ich es schwerer, bei einer Bank genommen zu werden", sagt der Vorstandsvorsitzende der Mittelbrandenburgischen Sparkasse (MBS) in Potsdam und setzt nach: „Der starre Blick auf die Schulnoten verkennt das Entwicklungspotenzial junger Menschen."

Von der Schule wollte der heute 53-Jährige damals „nur weg", suchte „irgendeinen Ausbildungsplatz". Der Zufall wollte es, dass er nach seinem allerersten Bewerbungsgespräch bei der Kreissparkasse Köln anfing. Während der Ausbildung fand er Gefallen am Lernen. „Die Ausbildung hat Spaß gemacht, ich habe mich in der Jugendvertretung engagiert, alle Weiterbildungsmöglichkeiten genutzt und auch immer mit guten Noten abgeschlossen", erinnert er sich an den Beginn seiner Karriere.

17 Jahre blieb er dem Kölner Institut treu, bevor er mit 32 Jahren auf einen Vorstandsposten der Sparkasse Odenwaldkreis wechselte. Ein Modell des Michelstädter Fachwerk-Rathauses steht auch heute im hinter einer Schiebewand versteckten Regal in seinem Büro. Rund zehn Jahre später machte er einen weiteren geografischen Sprung, diesmal an die Ostalb nach Aalen. „Der Vorstandsposten dort reizte mich, weil er genau die beiden Aufgabenfelder umfasste, von denen ich bis dahin noch keine Ahnung hatte: IT und Organisation", erklärt er. Wissbegierde, Fleiß und Zielstrebigkeit – damit umreißt er auch sein Selbstverständnis als Führungskraft: „Ich muss nicht der oberste Spezialist im Fach sein, ich muss die richtigen Fragen stellen." Dass ihm schon ein Jahr später der Vorstandsvorsitz angeboten wurde, sei Zufall und Glück gewesen. Zufall, dass sein Vorgänger zu einem anderen Institut gewechselt sei, und Glück, dass der Verwaltungsrat ihm den Posten nach nur so kurzer Zeit zugetraut habe. „Man hat mir vertraut, dass ich den Job gut machen wer-

Ein großes Herz für den Nachwuchs

Keine beruflichen Veränderungen sind bei Johannes Werner seit Erscheinen des Porträts eingetreten.

„ Der starre Blick auf die Schulnoten verkennt das Entwicklungspotenzial junger Menschen. "

de", so Werner. In Gesprächen kommt er immer wieder auf das Thema Vertrauen zurück: Dass Kunden ihrer Bank Geld anvertrauen und dass das Institut dieses Vertrauen nicht enttäuschen darf.

Wieder dauerte es etwa zehn Jahre, bevor er 2009 erneut den Ort wechselte. „Potsdam hat mich gereizt", gibt er zu, „aber auch die Aufgaben in diesem großen Institut, die zum Beispiel mit der einzigartigen Übernahme der Weberbank anstanden." Das Geschäftsgebiet der MBS ist etwa viermal so groß wie Luxemburg. Es deckt die Hälfte des Landes Brandenburg ab, reicht von der Mecklenburgischen Seenplatte im Norden bis zum Spreewald im Süden. Hinter dem Schreibtisch von Johannes Werner hängt eine Landkarte Brandenburgs. Jeder der unzähligen roten Stecknadelköpfe steht für eine Filiale. Von seinem Vorgänger habe er ein gut bestelltes Haus übernommen, freut sich Werner: „Wir sind die ertragsstärkste Großsparkasse Deutschlands." Das eröffne viele Chancen für Investitionen und die Möglichkeit, sich auch überregional bei Projekten und in die Verbandsarbeit aktiv einzubringen.

Geprägt durch die eigene Erfahrung ist ihm die Aus- und Weiterbildung ein Herzensthema. So kümmert Werner sich nicht nur hausintern um den Nachwuchs und das Talentmanagement, sondern ist auch an der IHK Potsdam diesbezüglich engagiert.

„Es hat seinen Reiz, vorne zu stehen, Wind und Wellen abzukriegen und dabei zuzusehen, dass das Schiff auf Kurs bleibt", sagt er. Die maritime Wortwahl ist kein Zufall, denn zur Entspannung zieht es ihn aufs Wasser. Früher passionierter Segler, hat er sich nun wegen der niedrigen Brücken rund um Potsdam ein Motorboot zugelegt.

„Von der Hotelbranche kann man eine Menge in puncto Service lernen", ist Michael Brandt überzeugt. Das Vorstandsmitglied der Volksbank Lübeck hat daher nicht nur als Leiter des Kundenservices einen ehemaligen Hotelchef eingestellt, sondern beschäftigt auch eine Hotelfachfrau im Vorstandsstab. „Wir brauchen mehr branchenfremde Querdenker", fordert er.

Ein Querdenker ist auch er selbst, sein Karrierepfad machte einige Umwege, bevor der heute 56-Jährige in Lübeck landete. Nach dem BWL-Studium und der Promotion war er fünf Jahre lang im Controlling der DG Bank tätig, die ihn auch nach New York schickte. Bei der Nassauischen Sparkasse (Naspa) leitete er das Rechnungswesen und baute die irische Tochter, die Garras Bank in Dublin, auf. „So eine Chance bekommt man nur einmal im Leben, denn ich konnte mir quasi meine eigene Bank basteln", erzählt er schmunzelnd. Nach einem weiteren kurzen Intermezzo bei der DG Bank als Leiter Bankenbetreuung ist er seit dem Jahr 2000 Vorstand der Volksbank Lübeck.

Spätestens seit er im Wertpapier-Controlling der DG Bank arbeitete, ist Brandt wertpapieraffin. „Trotzdem habe ich kein Talent für private Wertpapieranlage, bin mein schlechtester Berater, weil ich nicht oft genug hinschaue", bekennt er. Seine Stärken liegen eher im Erkennen von strategischen Chancen. „Ich bin ein Veränderer, denn Stillstand bedeutet, von anderen überholt zu werden", sagt er. Brandt „kann Dinge gut erklären und prägnant formulieren" – weshalb er sich auch für Medienthemen der schleswig-holsteinischen Volks- und Raiffeisenbanken einsetzt.

Als Führungskraft ist Brandt sehr an Psychologie interessiert, hat eine NLP-Practitioner-Ausbildung absolviert und darin außergewöhnliche Sichtweisen gelernt. Bei Problemgesprächen setzt er sich beispielsweise am Besprechungstisch in seinem Büro auf einen

PERSÖNLICH: MICHAEL BRANDT

Branchen-fremde Querdenker gesucht

Michael Brandt ist nach wie vor Vorstandsmitglied der Volksbank Lübeck.

„ Stillstand bedeutet, von anderen überholt zu werden. „

anderen Stuhl. „Durch den Platzwechsel prallen dann Vorwürfe und Angriffe eher an mir ab", weiß er.

An der Wand in seinem Büro hängt eine Seekarte. Der Skipper schwärmt von Begegnungen mit Walen während eines Törns von den Azoren nach England. Die Schiffsglocke auf dem Schreibtisch haben ihm die Mitarbeiter zum 50. Geburtstag geschenkt.

Der begeisterte Hobbykoch, der mit Nachbarn einen Kochclub gegründet hat, ist fasziniert von der Kreativität beim Kochen. Am liebsten bereitet er selbst „aufwendige Sachen im großen Topf" zu, etwa Currygerichte. Am Schreibtisch trinkt Brandt fast nur Kräutertee, doch er ist Mitglied im Lübecker Weinclub, reiste in diesem Rahmen von Winzer zu Winzer in Portugal. Überhaupt: „Zu Haus bleiben kann ich nicht, dazu bin ich viel zu neugierig", gibt er zu.

Er könne sich aber kein Jobangebot vorstellen, das ihn aus dem Norden Deutschlands wieder weglocken würde. „Ich wohne da, wo andere ihren Urlaub machen", freut sich Brandt, nämlich direkt an der Ostsee in Scharbeutz.

Ab Frühling kommt er einmal pro Woche mit dem Fahrrad zur Arbeit, sein iPhone dient als Fahrradcomputer. Auf Brandts Veranlassung hin wurden Duschen im Haus eingebaut, die die Mitarbeiter nun vor allem nach dem Joggen in der Mittagspause nutzen. Vor drei Jahren initiierte er bei der Volksbank Lübeck ein Triathlon-Team, das auf den Hamburg-Triathlon hintrainiert. Und auch zur Entspannung kommt sein iPhone zum Einsatz, mit einem Programm zur progressiven Muskelentspannung – und viel Rockmusik, die er während der langen Strandspaziergänge mit seinem Labrador hört.

Mit 38 Jahren Vorstand einer Bank zu werden, das hätte sich Dominik Schlarmann nicht träumen lassen. Im Dezember 2011 ist sein Lebensziel aber Realität geworden: Er ist im Vorstand der Sparda-Bank West zuständig für die Bereiche Treasury und Marktfolge Passiv plus Zahlungsverkehr.

Schon früh begeisterte sich Schlarmann für den Kapitalmarkt, kaufte mit 16 Jahren seine erste Aktie – Kali und Salz. Er besserte damit sein Taschengeld ordentlich auf, und das Börsenfieber hatte ihn gepackt. Von nun an sammelte er Erfahrungen in verschiedenen Börsenphasen, stets eng begleitet von seinem Vater, der selbst noch als Vorstand einer norddeutschen Genossenschaftsbank aktiv ist. Durch ihn erlebte Dominik Schlarmann schon früh die genossenschaftlichen Werte und verinnerlichte, „bei der Geldanlage abzuwägen und neben Chancen auch stets die Risiken zu bewerten". Rückblickend ist ihm klar: „Die an der Börse gesammelten Erfahrungen haben mich motiviert, in einem kapitalmarktnahen Bereich tätig sein zu wollen."

Seine genossenschaftlichen Wurzeln bewogen ihn dazu, nicht nach einer Tätigkeit in einer Investmentbank zu streben, sondern zunächst eine Bankausbildung bei der Spar- und Darlehenskasse Dinklage zu absolvieren. In Münster studierte er Betriebswirtschaftslehre. Parallel dazu arbeitete er weiter in der Bank, zusätzlich als Werkstudent beim Otto Versand und im Beratungshaus Mummert & Partner. „Gerade die Beratererfahrung kommt mir heute zugute", sagt Schlarmann. Anschließend war er bei der WGZ Bank für Gesamtbanksteuerung und Controlling zuständig, bevor er 2007 als Leiter Treasury zur Sparda-Bank West wechselte. Gemeinsam mit dem damaligen Vorstandschef richtete der Steuerungsexperte das Risikoprofil der drittgrößten Sparda-Bank und fünftgrößten Genossenschaftsbank Deutschlands neu aus – und wurde dafür

> **Ich habe verinnerlicht, abzuwägen und neben Chancen stets auch die Risiken zu bewerten.**

belohnt, indem die Sparda-Bank West 2009 als beste Bank bei den „portfolio institutionell Awards" für ihre Gesamtbanksteuerung ausgezeichnet wurde.

Nun ist Dominik Schlarmann Chef von 80 Mitarbeitern – und überzeugt, dass die für eine Führungsposition erforderlichen Fähigkeiten trainierbar sind, aber im Wesentlichen der Wille zählt, „Verantwortung übernehmen zu wollen". Während seiner WGZ-Zeit durfte er das genossenschaftliche Führungsseminar besuchen. „Es

PERSÖNLICH: DOMINIK SCHLARMANN

Charmanter Zahlenmensch

Dominik Schlarmann bekleidet weiterhin einen Vorstandsposten der Sparda Bank West. In dieser Funktion ist er inzwischen auch für die Personalbetreuung und -entwicklung zuständig.

war eine tolle Zeit, die es auch ermöglichte, mich noch besser in der Genossenschaftswelt zu vernetzen", schwärmt Schlarmann.

Einer der wichtigsten Sätze seines Lebens stammt von einem Lehrer aus seiner Schulzeit, der immer betonte: „Ziele sind erreichbar, wenn man wirklich will und sein Leben konsequent darauf ausrichtet." Und so ging er sein Jugendziel an: „Schon in meinem ersten Vorstellungsgespräch habe ich gesagt, ich möchte bis 40 alle Anforderungen erfüllen, die an einen Bankvorstand gestellt werden", erzählt er lächelnd mit jugendlichem Charme und wirkt dabei nicht wie ein trockener, analytischer Zahlenmensch. Dass er es geschafft hat, führt er neben Fleiß auch auf das nötige Quäntchen Glück zurück. „Mit den richtigen Menschen zusammenarbeiten zu dürfen, Förderer zu haben, die einem auch sagen, wenn man nicht in die richtige Richtung läuft" – das sei enorm wichtig.

Dominik Schlarmann beschreibt sich selbst als bodenständig und versucht, den Kontakt zu alten Freunden in seiner Heimat nicht abreißen zu lassen. Zu Schützenfest und Karneval fährt er mit seiner Familie jedenfalls immer gerne in den Norden.

Wer kann schon von sich behaupten, eine Bank geschlossen und gleichzeitig eine Bank von null neu aufgebaut zu haben? Wolfgang Driese kann das: Der Vorstandsvorsitzende der DVB Bank kam im Jahr 1997 zu dem damals noch als „Deutsche VerkehrsBank" firmierenden Institut. Schon im Vorfeld war für ihn deutlich: Die Bank hatte zu wenig Profil, um überlebensfähig zu sein. „Diese Bank braucht kein Mensch", dachte sich Driese damals. Doch er hatte die Vision, daraus „etwas global Einmaliges zu machen", denn „das Geheimnis liegt im Namen Verkehrsbank". Deshalb heuerte er trotz aller Bedenken bei dem seit 1995 im Mehrheitsbesitz des genossenschaftlichen Finanzverbundes stehenden Institut an.

Eigentlich habe er „schon immer Unternehmer sein wollen", sagt Driese heute. Zunächst begann er seine Karriere – nach einer Bankausbildung und einem Studium des Wirtschaftsingenieurwesens – bei der Citibank als Firmenkundenbetreuer. Dann verschlug es ihn für Trinkaus & Burkhardt als Geschäftsbereichsleiter Internationale Großunternehmen nach München, bevor er für die Deutsche Bank nach Singapur ging. Nach elf Jahren beim Branchenprimus heuerte er „mit vollem persönlichen Risiko" bei der DVB an. Sein damaliges Ziel: „Man muss eine Bank so aufstellen, dass man sie nach fünf Jahren weiterreichen kann." Denn ursprünglich wollte er „noch mindestens eine weitere Karriere-Station" nach der DVB Bank anschließen. Inzwischen sei immer häufiger der Scherz zu hören, DVB stünde eigentlich für „Driesesche Verkehrsbank".

1997 besaß die Bank noch 17 Filialstandorte in Deutschland, von denen heute nur noch die Zentrale in Frankfurt und Hamburg für das Schifffahrtsgeschäft übrig sind. Dafür sind Niederlassungen und Tochterunternehmen unter anderem in London, Singapur, Tokio, New York und Curaçao dazugekommen – was die Internationalität des heutigen Geschäfts der DVB Bank betont, die deshalb seit dem

Eine Bank neu erfunden

Nach wie vor ist Wolfgang Driese in der gleichen Position tätig.

> Man muss eine Bank so aufstellen, dass man sie nach fünf Jahren weiterreichen kann.

Jahr 2008 als europäische Aktiengesellschaft (SE) firmiert. „Heute sind nur noch knapp ein Drittel aller Mitarbeiter Deutsche", beschreibt Driese. Um dahin zu kommen, musste er „im laufenden Betrieb eine Bank schließen – inklusive Sozialpläne – und eine neue parallel dazu aufbauen". Die Bank trennte sich von Geschäftsbereichen wie dem Goldhandel, in dem sie Marktführer war, und der Reisebank mit ihren Filialen in Bahnhöfen und Flughäfen, die im Genossenschaftsverbund verblieb. Heute konzentriert sich die DVB Bank ausschließlich auf Finanzierungs- und Beratungsdienstleistungen im Bereich Verkehr, vor allem bei Luft- und Schifffahrt sowie Eisenbahnen, und ist nach eigenen Angaben ein weltweit führender Anbieter.

Sein Metier ist auch eine seiner Lieblingsbeschäftigungen: Driese reist gerne. Wenn er an sein Lieblingswort „Entschleunigen" denkt, kommen ihm derzeit nur Bilder vom Aktenstudium im Flugzeugsessel während der Geschäftsreisen in den Sinn. Der Gerne-Vielflieger liebt Langstreckenflüge vor allem deshalb, weil sie die einzigen Stunden sind, in denen er nicht erreichbar ist. Sein Handy lässt er meist im Auto liegen, und den Blackberry nutzt Driese nur für E-Mails, die er „maximal mit einem Zweizeiler" beantwortet. So versucht er, der ihm wichtigen „Freiheit" trotz des durchgeplanten Alltags Raum zu schaffen. Ab und an schafft er es auch auf den Golfplatz.

Praktisch: Wer die Farbe seiner Krawatten richtig interpretiert, kann Drieses Stimmung erkennen. „Zu einem anstrengenden Termin muss es einfach eine peppige Farbe sein", gibt der bekennende Krawatten- und Shopping-Fan zu.

Obwohl Georg Schürmann gerne im Garten arbeitet, kümmert die einzige Pflanze auf seinem Holz-Schreibtisch vor sich hin, sodass der Geschäftsleiter der Triodos Bank sie mit einem von seinen Kindern bemalten Styroporherz dekoriert hat. Einen grünen Daumen hat der Nachhaltigkeitsbanker nicht wirklich, obwohl die Triodos Bank unter anderem Ökobauernhöfe, Wind- und Solarparks finanziert. „Soziale Aspekte waren mir in der Vergangenheit immer wichtiger", erzählt der 49-Jährige und freut sich darüber, dass er bei der Triodos Bank nun einen „Lernprozess durchläuft, der mein Bewusstsein auch in Richtung Ökologie erweitert".

Zwanzig Jahre lang arbeitete Schürmann bei der Deutschen Bank an seiner Karriere. Von der Traineeausbildung über die Filial-, Gebiets- und Regionalleitung führte sein Weg zur Geschäftsleitung Private Banking Deutschland, wo er für das operative Geschäft zuständig war. Mit Mitte 40 stand er dann vor der Frage, wohin sein beruflicher Lebensweg führen sollte, nachdem „die klassische Karriere sich allmählich dem Ende zuneigte". Zufällig sah er die Stellenanzeige der niederländischen Triodos Bank, die ökologische, soziale und kulturelle Unternehmen und Projekte finanziert und sich damit „für eine bessere Welt einsetzt". Für die neue Niederlassung und damit den Markteintritt in Deutschland wurde ein Geschäftsleiter gesucht. Als Vater dreier Kinder mit christlich-katholischem Wertehintergrund übernahm er im Sommer 2009 die Verantwortung für Privatkundengeschäft, Marketing, Kommunikation und IT/Operations. „Hier kann ich meine sozialen Werte ausleben", begründet Schürmann den Wechsel von der Groß- zur kleinen Nischenbank, den viele seiner Ex-Kollegen mit großem Erstaunen verfolgten.

„Das ist mein Traumjob und ich will nie wieder wechseln", verkündet er – und das nicht nur wegen der großen Freiräume und der unternehmerischen Verantwortung. Angesichts der Wachstumsra-

Öko-Fan ohne grünen Daumen

Foto: Triodos Bank

Bei Georg Schürmann hat sich beruflich nichts geändert seit Erscheinen des Porträts im BANKMAGAZIN.

> **„ Das ist mein Traumjob und ich will nie wieder wechseln. „**

ten von 20 % europaweit hofft er, dass sich „die ganze Bankbranche mehr in Richtung Nachhaltigkeitsbanking bewegen und sich die Grundwerte und Vorteile wie Fokus auf die Realwirtschaft, hohes Maß an Transparenz und Fairness gegenüber Kunden abgucken wird". Vor allem wünscht er sich, dass das Nachhaltigkeitsbanking irgendwann einmal da sein wird, wo Bio-Lebensmittel bereits sind: mitten in der Gesellschaft. Daher seien andere ethisch-ökologische Banken keine Konkurrenz: „Gemeinsam arbeiten wir an der Ausweitung unserer Nische", beschreibt Schürmann das Verhältnis zu Wettbewerbern wie der GLS Bank.

Doch nicht nur in der Branche möchte er Vorbild sein, sondern auch im Triodos-Team. „Menschenorientierung ist mir wichtig, ein Umfeld zu schaffen, in dem sich nicht nur das Unternehmen, sondern auch die einzelnen Mitarbeiter entwickeln können." Er beschreibt sich selbst als ungeduldig, gewissenhaft, verantwortungsvoll, optimistisch und zielstrebig sowie anspruchsvoll und sieht sich als Coach für seine Mitarbeiter. Die Tür zu Schürmanns Büro steht fast immer offen, es liegt mitten zwischen denen der Mitarbeiter, ist nicht größer als die anderen und auf die Möglichkeit ausgelegt, dass noch ein Kollege einziehen könnte.

Einzig die Zeichnungen seiner Kinder bringen eine persönliche Note in Schürmanns Büro. „Es ist Teil meines Jobs, dass ich mir Freiräume für die Familie schaffen kann", sagt er. Nicht zuletzt wegen der Familie lässt er keine Urlaubstage verfallen. Im Winter steht immer eine Woche Skiurlaub auf dem Bauernhof an. Und wenn die Kinder größer sind, stehen auch wieder Fernreisen auf dem Plan.

Der Ruf eines Geißbocks schallt durch das Büro. Alexander Wüerst wirft einen kurzen Blick auf sein Handy. Der Vorstandsvorsitzende der Kreissparkasse (KSK) Köln ist Anhänger und Verwaltungsratsmitglied des 1. FC Köln und hat auf seinem iPhone die App des Vereins installiert. So meldet sich das Vereinsmaskottchen bei wichtigen Neuigkeiten und Wüerst ist beim FC genauso auf dem Laufenden wie bei den Entwicklungen in der Kreditwirtschaft. Dass es in seinem Büro vor allem um die Finanzbranche geht, zeigen die über den Bildschirm flimmernden Börsenkurse genauso wie die auf dem Sideboard stehenden Bulle- und Bär-Figuren. Die beiden Börsensymbole finden sich auch in Wüersts Manschettenknöpfen wieder, die er von seiner Frau geschenkt bekam.

Der gebürtige Niedersachse ist bereits in früher Kindheit in den Bonner Raum gezogen und fühlt sich heute als echter Rheinländer. „Neben hohem Engagement haben auch einige glückliche Umstände meinen Lebensweg bestimmt", beschreibt Wüerst seinen Werdegang. Als Eigengewächs der KSK Köln hat der diplomierte Sparkassen-Betriebswirt das Bankgeschäft von der Pike auf gelernt. Zunächst war er Firmenkundenbetreuer, wurde danach Vorstandsassistent und übernahm später den gesamten Treasury- und Privatkundenbereich. 2002 wurde er Mitglied des Vorstands, seit 2006 ist er dessen Vorsitzender.

„Immer unterwegs im Auftrag der deutschen Sparer und des Mittelstands", antwortet Wüerst bildhaft auf die Frage nach seiner Kernbeschäftigung. Dabei mag er es, dass kein Tag wie der andere verläuft und „es mit der Vorstandssitzung nur einen wöchentlichen Fix-Termin gibt". Was dem 50-Jährigen manchmal weniger gefalle, sei die enge Taktung seiner Termine. Wenn die Wichtigkeit des Themas es erfordere, nehme er sich jedoch die Freiheit, das Zeitraster umzuplanen. Folgetermine werden dann meist am Abend nachgeholt,

> **Immer unterwegs im Auftrag der deutschen Sparer und des Mittelstands.**

sodass am Kölner Neumarkt oft auch zu später Stunde noch das Licht brennt. Wüerst entscheidet gerne, wobei er einräumt, dass ihm „nicht jede Entscheidung leichtfällt". In seiner Position liege dies jedoch „in der Natur der Sache". Denn je höher man in der Hierarchie komme, desto „häufiger stehen komplexe Entscheidungen an, bei denen es kein hundertprozentiges Richtig oder Falsch mehr gibt". Dabei gebe es auch immer das Spannungsfeld zwischen der Notwendigkeit schneller Entscheidungen und dem Ziel, alle ent-

PERSÖNLICH: ALEXANDER WÜERST

Wo sich Bulle, Bär und Bock treffen

Unverändert ist Alexander Wüerst Vorstandsvorsitzender der Kreissparkasse Köln.

scheidungsrelevanten Fakten herauszufiltern. „Ich setze mich gerne für meine Überzeugungen ein", sagt Wüerst und nennt dafür das Beispiel „Basel III", bei dem er ungerechtfertigte Belastungen für die mittelständische Wirtschaft befürchtet. Auch deshalb engagiere er sich in vielen Gremien der Sparkassen-Familie. So ist er unter anderem Landesobmann der rheinischen Sparkassen sowie Vorstandsmitglied von RSGV und DSGV. Besonders engagiert geht er zu Werke, wenn es um die Pluralität des deutschen Bankenmarktes geht. Die Finanzmarktkrise habe deutlich gezeigt, dass es „ein großer Vorteil für die Realwirtschaft ist, wenn es im Bankensektor unterschiedliche Anbieter mit unterschiedlichen Geschäftsmodellen gibt", so der bekennende Verfechter des Drei-Säulen-Systems.

In ruhigen Momenten treibt Wüerst Sport, liest gern und wirft auch schon mal einen Blick in die Zukunft: „Wenn ich mal pensioniert bin, studiere ich vielleicht Philosophie." Vor allem Seneca habe es ihm angetan. Von ihm stammt auch eine Aussage, die Wüerst gerne zitiert, wenn es darum geht, andere für neue Entwicklungen zu gewinnen und Vorbehalte abzubauen: „Nicht weil es schwer ist, wagen wir's nicht, sondern weil wir's nicht wagen, ist es schwer."

Wenn Erste Hilfe benötigt wird, ist Marcus Vitt bei DONNER & REUSCHEL nicht weit. Der Vorstandssprecher des Privatbankhauses hat vor seiner Banker-Karriere in seiner Jugend als Rettungssanitäter gearbeitet und wollte gerne Anästhesist werden. Weil es aber besser zur Familienplanung passte und ihm ein Praktikum bei der Sparkasse sehr gut gefallen hatte, zog er die eher regelmäßigen Arbeitsbedingungen einer Bank vor.

Nach der Ausbildung zum Bankkaufmann bei der BfG Siegen bildete er sich zum Anlage- und Vermögensberater weiter. 1989 wurde Vitt aus der Filiale in die Frankfurter Zentrale der BfG, der heutigen SEB, intern abgeworben. Von 1996 bis 2002 lenkte er neben seinen Linientätigkeiten als Leiter verschiedener Bereiche bei den Berliner Volksbanken mehrere Fusions- und Sanierungsprojekte. Anfang 2002 wechselte er in den Vorstand der Privatbank Conrad Hinrich Donner nach Hamburg. Im November 2009 erwarb die Donner Bank die Münchener Traditionsbank Reuschel & Co. Seit April 2010 ist Marcus Vitt Vorstandssprecher des zusammengeführten Bankhauses DONNER & REUSCHEL.

Doch die Medizin lässt Vitt nicht los: Sein iPhone ist voller Medizin-Apps und er verfügt über zahlreiche medizinische Zusatzgeräte für das iPhone. Während eines Gesprächs in seinem Büro greift Vitt immer wieder auf sein iPhone oder iPad zurück und zeigt zum Beispiel gespeicherte Zitate, die auch als sein Lebensmotto gelten könnten: „Wer will, findet Wege, wer nicht will, findet Gründe."

Als größten Erfolg seiner bisherigen Karriere sieht Vitt die Reuschel-Übernahme an, die er maßgeblich betrieben hat. Jede zweite Woche verbringt er seither in München, was der Gerne-Reisende als Bereicherung ansieht: „Wenn ich in Hamburg bin, hat meine Familie während der Woche auch nicht mehr von mir, aber in München habe ich kein schlechtes Gewissen, wenn der Tag kein Ende findet."

> **Ich stelle sehr gern Mitarbeiter ein, die sich ehrenamtlich für die Gesellschaft engagieren.**

Ein achtsamer Umgang mit Mitarbeitern und Kunden liegt dem 45-Jährigen am Herzen. So lobt er die SIGNAL IDUNA-Gruppe, die die Donner Bank im Jahr 1990 übernommen hatte. Vitt schätzt es, dass bei dem Versicherer nicht der Shareholder Value im Mittelpunkt stehe, und ist überzeugt, „dass das System sich die Menschen sucht, die hinter solchen Werten stehen". „Das Geschäftsmodell basiert auf Gegenseitigkeit", beschreibt er. Ebenso auf Sicherheit setzt die bereits den Donner-Bank-Kunden angebotene „Best of two"-

PERSÖNLICH: MARCUS VITT

Zwei Standbeine bereichern

Ohne Veränderung ist Marcus Vitt noch immer Vorstandssprecher bei DONNER & REUSCHEL.

Strategie, bei der, mathematisch extrem komplex, jeweils die besten Anlagen aus Aktien und Anleihen gewählt werden. Das begrenzte Verlustrisiko freut den ehemaligen Risikomanager in Vitt.

Nichts mache ihm mehr Spaß als zu zeigen, dass es in der Branche auch anders gehe – und nichts nervt ihn mehr als der Dauerzustand der Krise. Ständig hinterfrage er sich mit dem Ziel, mit seiner „aus 650 Talenten bestehenden Mannschaft maßgeblicher Taktgeber für die Branche" zu sein und die Bank weiter erfolgreich durch die Krise zu führen. Dazu trage seine eigene Mitarbeiterauswahl bei, so Vitt: „Ich stelle sehr gern Mitarbeiter ein, die sich ehrenamtlich für die Gesellschaft engagieren." Er selbst ist etwa als Kommunionshelfer in seiner katholischen Kirchengemeinde aktiv, engagiert sich aber auch im Förderkreis der evangelischen Stiftung Alsterdorf.

Dass sich hundertprozentiges Engagement lohnt, erfuhr er bereits als Zwölfjähriger. Damals trommelte er die Kinder der Nachbarschaft in seinem Heimatort Siegen zusammen. Gemeinsam erstritten sie die erste Spielstraße der Stadt. Die größte Anerkennung für ihn wäre heute, „wenn meine Mitarbeiter bei DONNER & REUSCHEL mich auch heute als ihren Chef wählen würden".

Michel Billon ist weit herumgekommen: Er arbeitete in vielen Orten Frankreichs, dann kam Italien, jetzt Hamburg. Und obwohl er sich in Deutschland sehr wohl fühlt, ist ihm eines klar: „Irgendwann gehe ich sicherlich nochmal in ein anderes Land oder kehre nach Frankreich zurück", sagt der Geschäftsführer der Hanseatic Bank.

Nach dem Wirtschaftsstudium in Aix en Provence und Marseille startete er in der Bankenbranche in einem Nachwuchsführungskräfte-Programm der BNP Paribas. Bei der auf Verbraucherkredite spezialisierten Tochter Cetelem begann er als Filialleiter Privatkunden und endete als Marketing Manager. Nach knapp fünf Jahren wechselte er zur Société-Générale-Gruppe und arbeitete bei deren italienischer Tochter Fiditalia als Manager Marketing und Direct Sales. 2005 wechselte er nach Hamburg zur Hanseatic Bank. Zunächst war er Direktor Consumer Finance, seit Juli 2010 ist er einer der zwei Geschäftsführer der Hanseatic Bank und verantwortet die Bereiche Vertrieb, Marketing und EDV. Zusätzlich ist er Geschäftsführer des 2006 mit acht Mitarbeitern gestarteten und inzwischen auf rund 180 Leute angewachsenen Hanseatic Service Centers.

Die Hanseatic Bank wurde 1969 als Teilzahlungsbank gegründet, um das Warenfinanzierungsgeschäft für Kunden des Otto-Versands abzuwickeln. Die französische Großbank Société Générale übernahm 75 % des inzwischen zur Vollbank umgewandelten Instituts im Jahr 2005, das restliche Viertel der Anteile hält weiter die Otto Group. Die Geschäftstätigkeit der Bank reicht vom Kredit- über das Einlagen- und Provisionsgeschäft bis zum Forderungsmanagement.

Billons erstes großes Projekt bei der Hanseatic Bank war es, für Otto- und Schwab-Versand eine Kreditkarte auf den Markt zu bringen. „Das war eine große Herausforderung, denn die Bank hatte keine passende IT-Infrastruktur", erinnert er sich. Inzwischen gibt die

> **Ich mag es, Entscheidungen zu treffen und Projekte anzustoßen, die ohne mich dauerhaft laufen.**

Hanseatic Bank auch die Kreditkarten des Notebooksbilliger.de-Webshops und des ACE Auto Club Europa aus und löste im Sommer die Valovis Commercial Bank als Herausgeber der gebrandeten Karstadt-Kreditkarte ab. Aktuell ist wieder das Thema IT weit oben auf Billons Agenda, denn die Hanseatic Bank stellt derzeit ihr Kernbanksystem auf Kordoba um. All das soll dazu beitragen, das ambitionierte Geschäftsziel zu erreichen und bis 2015 das Ergebnis der Bank zu verdoppeln.

PERSÖNLICH: MICHEL BILLON

Ich fühle mich als Unternehmer

Zusätzlich zu seiner Position bei der Hanseatic Bank hatte Michel Billon zwischen Juni und Ende 2012 auch den Geschäftsführerposten der Onvista Bank, die Teil der Boursorama/SG Gruppe ist, inne.

Beruflicher Ehrgeiz ist aus jedem Schritt seines Lebenslaufs herauszulesen. Was den 42-Jährigen antreibt, sind Kreativität, Innovation, Teamgeist und die Möglichkeit, etwas selbst neu aufzubauen. „Ich fühle mich als Unternehmer", sagt er und will seine Firma nicht nur durch eine Situation durchsteuern. „Ich mag es, Entscheidungen zu treffen und Projekte anzustoßen, die dann ohne mich dauerhaft laufen." Nur noch Überblicksaufgaben zu übernehmen und nicht mehr fachlich selbst drinzustecken, das sei nicht sein Ding. Daher sieht er sich als „Kapitän meiner Mannschaft und nicht als ihr Trainer". Und da auch Mannschaftskapitäne von der Anerkennung durch die Mitstreiter leben, schätzt Billon das System der 360-Grad-Beurteilung sehr, dem jede Führungskraft innerhalb der Société Générale unterworfen ist. „Auch ich werde von meinen direkten Mitarbeitern und dem Chef beurteilt", erklärt er.

Der Franzose ist ein echter Gourmet, schätzt eine gute Küche und gute Weine. Er liebt italienischen Fußball und ist Fan von Inter Mailand. Und wenn er irgendwann nach Frankreich zurückgeht, dann am liebsten in eine Stadt, in der die Sonne oft scheint, denn die vermisst er in Hamburg manchmal.

Aus dem sozialistischen Moskau führte der Weg von Maria Topaler in die amerikanische Provinz, dann nach New York und über London schließlich nach Düsseldorf. Als Risikovorstand der Targobank ist sie seit drei Jahren verantwortlich für die Risikoeinschätzung des Geschäfts. „Ich mag Wandel", sagt die Frau mit der russischen und der amerikanischen Staatsangehörigkeit.

Als Kind wollte sie Wissenschaftlerin werden. „Das war bei uns in der Sowjetunion kein seltener Berufswunsch", erklärt sie. Den hat sie sich erfüllt, studierte zunächst in ihrer Heimatstadt Moskau physikalische Chemie und promovierte anschließend in Physik. Dann ging sie in die USA, forschte sechs Jahre lang an verschiedenen Chemie-Lehrstühlen. 1998 schließlich entschied sie sich, in New York als Analystin bei der Citigroup anzufangen. Zuständig fürs internationale Geschäft, lernte sie durch viele Geschäftsreisen die Welt kennen. Dem Angebot, im Europageschäft der Citigroup Leiterin des Bereichs Analytics & Scoring zu werden, konnte sie nicht widerstehen. Anfangs war der Job in London bzw. Brüssel angesiedelt, doch schon 2004, ein Jahr später, zog sie nach Düsseldorf um, wurde 2008 Generalbevollmächtigte für das Ressort Credit & Risk und schließlich Risikovorstand der zur Targobank umfirmierten Citibank.

Ein Studentenaustausch mit der Ostberliner Humboldt-Universität im Sommer 1988 war Topalers erster Kontakt zu Deutschland. Nach Deutschland zu kommen war nie ihr Ziel. „Ich habe mich in das besondere Geschäftsmodell hier verliebt", sagt sie. Überall auf der Welt sei das eher Produkt-fokussiert gewesen, hierzulande mehr Kunden-fokussiert. „Das halte ich für viel besser – und natürlich ist es auch inhaltlich interessanter für einen Risikomanager", meint sie.

„In der Sowjetunion gab es nur eine staatliche Bank, da war Banker kein Berufsziel", beschreibt Topaler den Zufall, nun dem Top-Management einer Bank anzugehören. In ihrem Job als Risikovor-

Der stille Star

Unverändert ist Maria Topaler als Risikovorstand bei der Targobank tätig.

> Ich habe mich in das besondere Geschäftsmodell verliebt.

stand mag sie es vor allem, wenn ihre Analysen direkte Auswirkungen auf das Geschäft haben. Dazu ist nach eigenen Aussagen ihre Fähigkeit entscheidend, „Zahlen und Analyse mit den Kunden und den Geschäftsprozessen zu verbinden". Aber es hilft auch, dass sie neugierig ist, Dingen auf den Grund gehen, Situationen wirklich verstehen will. „Ich finde es fürchterlich, wenn ich nicht verstehe, warum etwas geschieht", sagt sie. Das sei eine Ausprägung ihres wissenschaftlich-analytischen Infragestellens. „Erst, wenn der Grund klar ist, kann man etwas verbessern", betont Topaler. Außerdem gebe es bei Statistiken immer Unsicherheiten – „das macht den Job interessant". Im eigenen Haus ist sie angesehen, Mitarbeiter nennen sie „unseren stillen Star".

An Düsseldorf schätzt die eher scheue Weltbürgerin nicht nur die hohe Lebensqualität, sondern auch die Lage: Viel näher als in den USA ist sie hier ihrer Familie, die noch in Moskau lebt, sodass auch Wochenendbesuche möglich sind. Ihr wichtigstes Hobby ist Lesen – vom Krimi bis zum Sachbuch verschlingt sie alles. Und: „Wenn ich mehr Zeit hätte, dann würde ich mehr reisen." Topaler beschreibt sich als „sehr individualistisch und auf Unabhängigkeit bedacht". Die 44-Jährige liebt dunkle Schokolade, nimmt derzeit wieder Deutschunterricht – und freut sich auf ihren Urlaub. Dann wandert sie gerne, bevorzugt, „wenn das Gepäck zur nächsten Unterkunft transportiert wird und man ohne Last wandert". Im gleichen Atemzug lobt sie ihr Team: „Mein Team ist stark, das kommt ohne mich zurecht, wenn ich im Urlaub bin." Und meint damit auch, nicht ständig im Urlaub angerufen zu werden und auch mal abschalten zu können. „Urlaub respektieren die Franzosen mehr als die Amerikaner", lobt sie die Targobank-Muttergesellschaft Crédit Mutuel.

Viele ostdeutsche Karrieren endeten nicht im Jahr 1990 – Helga Biemann ist ein Beweis dafür. Seit 26 Jahren steht sie ununterbrochen an der Spitze der Rostocker Volks- und Raiffeisenbank. Nach einigen Jahren in der Handwerkskammer des Bezirkes Rostock übernahm sie im Alter von 34 Jahren die Leitungsverantwortung in der damaligen Bank für Handwerk und Gewerbe. In die D-Mark-Zeit startete das Kreditinstitut mit einer Bilanzsumme in Höhe von 200 Mio. DM. Seither geht es aufwärts: Biemann und ihr Vorstandskollege entwickelten das Haus gemeinsam mit dem Team zu einer ertrags- und vermögensstarken Bank mit einer Bilanzsumme von inzwischen 500 Mio. Euro.

Morgens um fünf fährt Biemann in die Bank und verlässt sie abends um fünf wieder. „Ich bemühe mich um einen kooperativen Führungsstil", sagt die Frau mit dem sportlich-kurzen Haar. Doch sie weiß auch: „In manchen Situationen brauchen die Mitarbeiter eher Orientierung als Diskussionen." Beispielsweise nach der Wende, als die „DDR-Bürger emigriert sind, ohne den Wohnort zu wechseln". Über sich selbst sagt die studierte Ökonomin, sie sei innovativ, konsequent und besitze Durchsetzungsvermögen.

Als Exotin unter den Bankern fühlt sich Helga Biemann nicht. „Durch den traditionellen Hintergrund gibt es in den neuen Bundesländern deutlich mehr Frauen in den Vorständen", erklärt sie. Heute glaubt sie, dass ihre Karriere wiederholbar sei. Frauen hätten heute bessere Chancen als noch vor zehn Jahren. Das sehe man daran, dass in Mecklenburg-Vorpommern in den vergangenen Jahren erneut Frauen in den Vorstand berufen wurden und eine Bank ausschließlich von Frauen geleitet werde.

Aus den neuen Bundesländern zu kommen, hält sie beileibe nicht für einen Nachteil. „Wir Ostdeutschen sind seit 1990 in einer permanenten Dynamik der Veränderung", beschreibt Biemann die

> In den neuen Bundesländern gibt es deutlich mehr Frauen in den Vorständen.

hohe Flexibilität und Innovationskraft, die sich daraus ergebe. So sei die Volksbank Rostock eine der ersten gewesen, die eine Filiale in einem Einkaufszentrum eröffnet habe. „Wir hatten schon 70 % unserer Kunden an SB-Automaten, als andere Kollegen noch überlegten, wie sie ihre Kunden daran gewöhnen könnten", erinnert sie sich. Fachlichen Input erhielt sie zum Beispiel durch ihr Engagement im Beirat der Bundesbank. Und auch in der Vollversammlung der IHK zu Rostock ist sie seit Jahren aktiv.

Kontinuierlich dynamisch

Wie geplant ist Helga Biemann zum Jahresende 2011 in den Ruhestand gegangen.

Besonderes Vergnügen bereitet Biemann die Zusammenarbeit mit Künstlern und Kreativen – so schätzte sie den im Januar verstorbenen Rostocker Bildhauer Jo Jastram sehr. „Er war nicht nur ein exzellenter Künstler, sondern auch ein Mensch, den man vermisst", sagt Biemann. Ende Juni enthüllte sie am Fuß der Marienkirche das letzte Werk, an dem Jastram mitgewirkt hat: ein Relief-Modell der Rostocker Altstadt – ein Geschenk der Rostocker Volks- und Raiffeisenbank an die Bürger, mithilfe dessen auch Blinde die verwinkelten historischen Straßen erfassen können.

Privat wohnt Helga Biemann in Kühlungsborn, direkt an der Ostsee. Sie freut sich schon darauf, im „dritten Lebensabschnitt" wieder Herrin über ihre eigene Zeit zu sein, dann mit ihrem Wohnwagen quer durch Europa zu fahren und die Ostsee mit der Motoryacht zu erkunden. Sie träumt davon, auf dem Boot in Stockholm einen Sommerabend ausklingen zu lassen und an Deck Mundharmonika zu spielen. Der Haken an diesem Traum: „Ich müsste erst das Instrument erlernen", sagt sie schmunzelnd. Immerhin: Die Mundharmonika besitzt sie jedenfalls schon.

Meine Karriere habe ich nicht geplant – manchmal reibe ich mir morgens noch immer die Augen", gibt Harald Strötgen, der Vorstandsvorsitzende der Stadtsparkasse München, zu. Doch bei aller Demut und Bescheidenheit ist er auch enorm entschlossen: „Ich nehme mir etwas vor und schaffe das dann auch."

Mit der mittleren Reife verließ er die Schule. Die Mutter wollte, dass er Lehrer wird, der Vater war für Verwaltungsbeamter. „Ich habe mich für die Bank entschieden, weil meine Eltern sich nicht einigen konnten", sagt Strötgen schmunzelnd. Nach der Banklehre bei der Sparkasse in seiner Geburtsstadt Essen führte ihn sein Berufsweg über die Deutsche Girozentrale und die Hessische Landesbank, bei der er Leiter der Kreditabteilung war, in den Vorstand der Sparkasse Bad Homburg. Seit 1995 gehört er dem Vorstand der Stadtsparkasse München an, seit 2002 fungiert er als dessen Vorsitzender.

Seine aktuelle Position empfindet er als gut und ausgewogen. „Ein großer Teil des Tages ist immer dem Geldverdienen gewidmet. Aber unser Haus steht gut da, und deswegen bin ich in der glücklichen Lage, einen Teil meiner Zeit für anderes nutzen zu können. Es macht Freude, in der Position zu sein, Dinge leisten zu können, die mir persönlich wichtig sind", erklärt er. Engagiert haben sich die Stadtsparkasse und Strötgen selbst zum Beispiel für den Bau des jüdischen Gemeindezentrums, die Münchner Symphoniker und das Spastiker-Zentrum. Nach dem Krebstod seiner ersten Frau setzt er sich nun dafür ein, dass ein Palliativzentrum für Kinder entsteht. „So was gibt es in ganz Bayern noch nicht – und dabei ist es ungeheuer wichtig, Schwerstkranken zu ermöglichen, in der Geborgenheit der Angehörigen sterben zu können", unterstreicht er.

Strötgen freut sich, für andere Menschen da sein zu können. Dazu gehören auch die Mitarbeiter der Stadtsparkasse München. Diebische Freude macht es Strötgen, „Dinge so einzustielen, dass sie vorab kei-

> Für andere da zu sein bedeutet Rückgrat zu zeigen und für eigene Fehler geradezustehen.

ner mitbekommt und wir dann das Beschlossene verkünden." So hat er die Mitarbeiter schon mehrfach mit einer Sondergratifikation überrascht, zuletzt im enorm erfolgreichen Jahr 2010.

Für andere da zu sein bedeutet für Strötgen auch „Rückgrat zu zeigen und für eigene Fehler geradezustehen". Er erinnert sich, dass es in seinen 47 Berufsjahren auch schon mal „Spitz auf Knopf" stand. Einmal führte ihn beispielsweise ein Firmenkunde hinters Licht. „Ich finde es nicht schlimm, wenn etwas schiefgeht, aber erwarte dann

PERSÖNLICH: HARALD STRÖTGEN

Mit 65 ist noch nicht Schluss

Die Amtszeit von Harald Strötgen als Vorstandsvorsitzender der Stadtsparkasse München endet ruhestandsbedingt Ende 2013.

auch, dass ohne langes Reden die Verantwortung für den gemachten Fehler übernommen wird", lautet seine Überzeugung.

In seiner Freizeit spielt Strötgen gerne Golf: „Golf ist die Möglichkeit, mal ein paar Stunden komplett abzuschalten, nicht an Probleme zu denken und einfach Natur und Mitspieler zu genießen." Am liebsten spielt er mit seiner Frau und befreundeten Ehepaaren, so auch mit Uli Hoeneß und Karl Hopfner vom FC Bayern München.

Er liebt „gute Bücher, die mich bewegen" und verschenkt auch spontan seine Lieblingswerke, von denen er für diesen Zweck einige Exemplare im Büro liegen hat. Er versucht das Motto seines Lieblingsbuches „Die Entdeckung der Langsamkeit" von Sten Nadolny selbst zu leben – und zieht sich einmal im Jahr eine Woche in ein Benediktinerkloster zurück zum Schweigen und ungestörten Nachdenken. Viele halten ihn daher für religiös, „dabei bin ich noch nicht mal getauft". Aber er sieht das „Immer mehr, immer schneller, immer höher" unserer heutigen Zeit enorm kritisch. „Ich versuche, die Zeit zu nutzen, im Heute zu leben und bin es mir wert, nicht zu übertreiben", beschreibt er sich selbst.

In diesem Jahr wird Strötgen zwar 65, doch Münchens Oberbürgermeister Christian Ude hat ihn dafür gewonnen, „genau so lange wie er selbst im Amt zu bleiben" – also bis Ende 2013.

Eine positive Einstellung zum Service ist universell und unabhängig von Branchen. Dieses Credo lebt Peter Buschbeck, Vorstand der HypoVereinsbank (HVB). „Fast alle Menschen lieben es zu konsumieren, aber beim Dienstleisten stockt es", erklärt er. Auch die Bankbranche habe Nachholbedarf in puncto Service.

Sein Lebenslauf belegt die Branchen-Unabhängigkeit der Buschbeck'schen Dienstleistungsphilosophie. Seit 15 Jahren ist der studierte Wirtschaftsingenieur im Kundengeschäft unterwegs, zunächst bei einem Industriekonzern, dann bei Banken: GE Capital, bei der Citibank als Privatkunden-Vorstand, als SEB-Vorstandssprecher und seit 2009 als Vorstandsmitglied bei der zur italienischen Unicredit-Gruppe gehörenden HVB. Im Januar 2011 kam zur Verantwortung für das Privatkundengeschäft noch die Zuständigkeit für kleinere und mittelgroße Unternehmenskunden – also den Mittelstand – hinzu. Interessant dabei ist, dass vor allem das Privatkundengeschäft bei der HVB bisher eher als Schleudersitz galt: zu hohe Kosten, zu geringe Erträge. Keinen anderen Vorstandsposten haben die Münchner in den vergangenen Jahren häufiger neu besetzt. Buschbeck hat das Amt im August aber schon zwei Jahre inne.

Zu den lauten Manager-Typen zählt Buschbeck nicht, er ist eher ein Mann der Praxis. Nicht zuletzt um vom Alltag trotz Manager-Postens nicht abgekoppelt zu sein, besucht er regelmäßig Filialen – „stets mit Ankündigung, dies ist eine Frage der Fairness". In den Zweigstellen sehe man „in den ersten 20 Sekunden, ob der Dienstleistungsgedanke vor Ort wirklich gelebt wird". Powerpoint-Präsentationen der Chefs reichen dazu nicht aus: „Jeder in der Organisation muss Service leben, und ich bin der oberste Dienstleister."

Oberster Dienstleister

Bei Peter Buschbeck ist bis dato noch der gleiche berufliche Stand wie zu Erscheinen des Porträts im BANKMAGAZIN.

Fast alle Menschen lieben es zu konsumieren, aber beim Dienstleisten stockt es.

Schlechter und unflexibler Service stößt ihm sofort auf. Positiv-Beispiele erlebte er im Taxi: Es koste den Fahrer nichts, Infos zu den Gebäuden zu erzählen, an denen man vorbeifahre, so Buschbeck. Oder dem morgendlichen Ankömmling am Flughafen mit nur einem Aktenkoffer als Gepäck eine Visitenkarte zu überreichen – für die abendliche Rückfahrt zum Airport. „Schon fühlt sich der Kunde verstanden und ein Auftrag mehr ist hereingeholt", sagt Buschbeck.

Er selbst bezeichnet sich als „analytisch-rationalen Typ, der mit Energie auf seine Ziele zugeht". Gleichzeitig sei er „bekannt für seine Kommunikationsfreude". So schreibt er jede Woche einen Brief, der montags um acht Uhr allen Mitarbeitern online zur Verfügung steht. In einer regelmäßigen Telefonkonferenz bringt er 6.000 Kollegen aus allen Ebenen gleichzeitig auf den neuesten Stand. Danach beantwortet er die frei gestellten Fragen – vor allen Teilnehmern oder auch im Einzelgespräch. „Das war anfangs für viele gewöhnungsbedürftig, kommt aber sehr gut an", sagt Peter Buschbeck. „Die Mitarbeiter schätzen eine klare und ehrliche Sprache."

Statt große Ankündigungen zu machen, hält sich der HVB-Vorstand lieber mit konkreten Aussagen zurück. „Ich will keine leeren Versprechungen abgeben", sagt er. So verbindlich wie seine Äußerungen, so direkt ist seine ganze Art. Dazu gehört für ihn auch, für alle Mitarbeiter „Du, Peter ..." zu sein.

Buschbeck ist auch bei seinen Hobbys bodenständig geblieben. Nach der Arbeit joggt der 49-Jährige. Im Winter fährt er gerne Ski. Der gebürtige Hanauer, dessen Familie nach Wanderjahren nun wieder im Rhein-Main-Gebiet wohnt, ist am Wochenende meist auf dem Fußballplatz zu finden – dort, wo seine vier Söhne kicken. „Ich bin mit Fußball aufgewachsen", erklärt der Fan von Borussia Mönchengladbach. In diesem Zusammenhang benötigt er aber oft eine gewisse Frustrationstoleranz.

PERSÖNLICH: PETER FRÖHLICH

Feuerwehrmann mit Ausdauer

Peter Fröhlich ist zu Ende Juni 2012 aus der Stadtsparkasse Düsseldorf ausgeschieden. Er lebt in Hürth und ist derzeit in verschiedenen Organisationen ehrenamtlich tätig.

Schade, dass das Sparkassen-Hochhaus senkrecht steht und nicht ebenerdig gebaut wurde", bedauert Peter Fröhlich. „Dann würde man morgens durchs ganze Haus gehen und bekäme die Stimmung der Mitarbeiter direkt mit." Der Vorstandsvorsitzende der Stadtsparkasse Düsseldorf glaubt, dass die Menschen für sein Haus sprechen, „mehr als nackte Zahlen". So verwundert es nicht, dass seinen Mitarbeitern als erstes zu ihrem Chef einfällt, wie offen und menschlich er sei.

Doch der Mann mit den dezenten Gesten ist beileibe kein Versteher-Kumpel. Denn der 58-Jährige übernahm vor rund drei Jahren einen Job, dessen Herausforderung sich wohl kaum ein anderer gestellt hätte: Nach dem Bestechungs- und Untreueskandal um Franjo Pooths Firma Maxfield – der Ehemann von Verona Pooth erhielt ungesicherte Millionenkredite, für die er im Vorhinein einen teuren Flachbildschirm hatte springen lassen – musste Fröhlich als neuer Vorstandsvorsitzender erst einmal alle Feuer löschen.

Er änderte die Strategie des Hauses – weg von der kapitalmarktorientierten und damit risikoreichen Strategie zur konservativen Geschäftspolitik. „Das war für unser Institut ohne Alternative", sagt Fröhlich zurückschauend. Für seine persönliche Karriere hingegen hatte er keinen Masterplan. „Ich habe immer das gemocht, was ich

gerade getan habe", erklärt der gebürtige Kölner. Allerdings sei er „nicht unbedingt obrigkeitshörig" und auf sinnlose Zwänge reagiere er eher allergisch. „Vielleicht war das mit ein Grund, Karriere zu machen. Immerhin nimmt die Zahl der Leute ab, die Zwang auf einen ausüben können, je weiter man auf der Karriereleiter nach oben steigt."

Das Abitur hat Peter Fröhlich nach seiner Ausbildung als Datenverarbeitungskaufmann auf dem zweiten Bildungsweg am Abendgymnasium absolviert. Danach stieg er bei einer Kölner Unternehmensberatung als DV- und Organisationsberater ein. 1986 wechselte er zu Sal. Oppenheim, bevor er 1999 die Leitung des Organisationsbereichs der Stadtsparkasse Düsseldorf übernahm. Drei Jahre später stieg er in den Vorstand auf, seit 2008 ist er Vorsitzender.

„Ich hatte mir damals nicht vorstellen können, wie deutlich der Schritt ist. Zwischen Vorstandsvorsitzendem und Vorstand gibt es einen größeren Unterschied als zwischen Vorstand und Nicht-Vorstand", betont Fröhlich und ergänzt: „In erster Linie sorgen negative Begleitumstände in Form von Medienrummel oder versuchten politischen Einflussnahmen für Ablenkung vom eigentlichen Geschäft." Damit meint er vor allem die Gerichtsverfahren gegen den geschassten Ex-Vorstand. „Dieser negative Stress nervt", sagt er. „Ich arbeite lieber 16 Stunden und es kommt dabei was rum, als gegen Windmühlenflügel zu kämpfen." Allerdings habe er in den vergangenen Jahren gelernt, damit umzugehen und sich auf das Wesentliche zu konzentrieren: „Ich werde auch in den kommenden Jahren alles tun, um das Institut in eine gute Zukunft zu steuern." Dabei gilt es längst nicht nur, die Vergangenheit zu bewältigen, auch mit der Sparkassen-Beteiligung an der WestLB stehen weitere Herausforderungen an.

Zeit für seinen geliebten Ausdauersport bleibt da kaum. „Ich wan-

> **Ich habe immer das gemocht, was ich gerade getan habe.**

dere gerne, und im Winter am besten auf Schneeschuhen durch die Alpen", verrät Fröhlich. Und nach dem langen Arbeitstag oder einem Sitzungsmarathon freut er sich auf entspannende Unterhaltung im Kino oder Fernsehen: „Da sollte es dann ein Happy End geben."

Im verglasten Eckbüro in der 17. Etage hat er leider kaum Zeit, die Aussicht über Kö und Altstadt auf den Rhein zu genießen. „Für die tollen Sonnenuntergänge hinter Oberkassel auf der anderen Rheinseite müsste ich sonst einen geldwerten Vorteil versteuern", sagt Fröhlich schmunzelnd.

Wer nichts mit Investment-Grade-Anleihenfonds zu tun hat, dem sagt der Name Bantleon meist nichts. Doch die Bantleon Bank zählt zu den Hidden Champions im deutschen Finanzwesen, regelmäßig werden Bantleon-Fonds unter den Top-Performern im Anleihenmarkt ermittelt. „Wir konkurrieren mit den Größten der Welt", sagt Jörg Bantleon, der Bank und Anleihen-Boutique seinen Namen gab. Heute ist er Vorsitzender des Verwaltungsrats und Eigentümer der Bantleon Bank mit Sitz im schweizerischen Zug. Er weiß: „International können wir nur mithalten durch unseren Spezialisierungsgrad und dadurch, dass wir inhabergeführt und damit auch sehr bodenständig sind."

Letzteres ist für Bantleons institutionelle Kunden, darunter viele Sparkassen und Genossenschaftsbanken, ein wichtiger Grund zur Zusammenarbeit. Gepaart mit personeller Konstanz, denn bei Bantleon ist derselbe Kundenbetreuer viele Jahre für dieselbe Bank da.

„Das Thema Geld hat mich schon von Jugend an interessiert", erzählt der energische 46-Jährige mit dem raspelkurzen graumelierten Haar. Auf die Banklehre bei der Stadtsparkasse Hannover folgten zwei Jahre in London bei dem Interbanken-Broker Eurobroker am Spezialdesk für Zinsderivate.

Zurück in Hannover gründete er in seiner kleinen Dachgeschoss-Wohnung 1991 die Anleihen-Boutique, die immer noch einen Sitz in Hannover hat. Doch Bantleon wollte mehr, und vor allem strebte er nach Unabhängigkeit: „Ich wollte Anleihen-Sales selbst ausführen." Daher wollte er „Bank" werden. Er informierte sich bei der Finanzaufsicht in Deutschland und der Schweiz, und da ihm die Antwort der Eidgenossen besser gefiel, gründete er 1998 seine Bank in Zug. „Wer Bank werden will, muss vor allem Strukturen schaffen, IT- und Mitarbeiter-Strukturen", erklärt er. Dazu zwinge die Aufsicht. „Sind die Strukturen erst einmal da, merkt man auch, wie sinnvoll sie sind und dass sie unabhängiger machen", so sein Resümee.

„ Zuerst das Kapital bewahren, dann Erträge erwirtschaften. „

Um mehr Zeit für die strategischen Weichenstellungen zu haben, zog er sich ein Jahr nach Erwerb der Banklizenz mit 35 aus dem Tagesgeschäft zurück. Den ersten Fonds für institutionelle Anleger legte Bantleon im Jahr 2000 auf, seit Juli 2009 sind die ersten beiden Fonds für den Vertrieb an Privatanleger zugelassen. Inzwischen verwaltet Bantleon ein Vermögen von gut 4 Mrd. Euro. Sein Credo: „Zuerst das Kapital bewahren, dann Erträge erwirtschaften."

GANZ PERSÖNLICH: JÖRG BANTLEON

Ein Freund klarer Worte

Jörg Bantleon ist nach wie vor Eigentümer und Vorsitzender des Verwaltungsrats der Bantleon Bank.

Jörg Bantleon liebt deutliche Worte: „Keiner steht heute noch für Fehler grade – sind ja alles nur angestellte Manager", sagt er beispielsweise. Risikomanagement sei völlig überflüssig, wenn das Risikobewusstsein fehle – und das könne man nicht delegieren. Er spricht mit kräftigen Gesten, legt die Hände zum Pflug und haut auch ab und an die flache Hand auf den Tisch. Bantleon ereifert sich beim Thema Verantwortung: „Manager-Literatur ist nicht das Papier wert, auf das sie geschrieben wurde." Wenn jemand seine Verantwortung nicht wahrnehme, nicht auch mal Fehler eingestehe, dann müssten Maßnahmen her, „von Berufsverbot bis Gefängnis".

Der bekennende Zeitungsjunkie, der täglich drei bis vier Wirtschaftszeitungen liest, hält aber nicht viel von ständiger Erreichbarkeit: „Wer ständig erreichbar ist, der ruht nicht in sich selbst." Das Ruhen in sich selbst ist ein wichtiger Aspekt in Bantleons Persönlichkeit: „Joga ist mittlerweile eine Passion", bekennt er. Zwar sei er kein typischer Jogi, seine Frau ist allerdings Joga-Lehrerin.

Bantleons größtes Hobby ist jedoch „alles, was auf dem Wasser ist". Sein zweiter Wohnsitz liegt direkt am Gardasee, er besitzt ein Riva-Boot und lässt sich derzeit ein traditionelles Holzboot bauen.

"Gut sein heißt andere gut machen", so lautet der Wahlspruch von Dr. Christoph Berndorff. Als reinen Altruisten sieht sich der Vorstandsvorsitzende der Pax-Bank jedoch nicht. Vielmehr will er mit der guten Leistung der Bank dazu beitragen, dass katholische Krankenhäuser, die Caritas, Kindergärten, Schulen und Institutionen ihre gesellschaftlichen Aufgaben meistern können.

Nach der Banklehre bei Sal. Oppenheim in Berndorffs Heimat Köln zog es den Lokalpatrioten fort zu Studium und Promotion. Eigentlich hätte der Jurist gerne das Notariat seines Vaters übernommen, doch dies ist ein öffentliches Amt, das nicht übertragen werden darf. Stattdessen heuerte er bei der holländischen Amro-Bank an, wechselte danach für die Commerzbank nach Brüssel. Dann wurde ihm 1992 der Posten als Generalbevollmächtigter der Kölner Pax-Bank angeboten. Berndorff überlegte nicht lange: "Ich bin aus einer alten Kölner Familie und wollte immer meine berufliche Karriere in Köln beenden." Seit 18 Jahren ist er nun in der Rheinmetropole tätig, seit 2007 als Vorstandsvorsitzender.

"Mein Onkel war katholischer Priester", begründet Berndorff seine Nähe zur katholischen Kirche. "Das Spannungsfeld zwischen Banking und christlich-ethischer Überzeugung ist hochinteressant." Er wundert sich über viele so genannte ethische Geldanlagen – und vor allem über deren Notwendigkeit: "Sollte nicht all unser Handeln stets ethischen Grundsätzen entsprechen?"

Das ganze Gebäude der Pax-Bank atmet christlich-katholische Werte. Im Sitzungszimmer steht die Kerze vom Weltjugendtag 2005 in Köln unter einem Porträtfoto von Papst Benedikt XVI. Dass Ethik und Geschäftstüchtigkeit keine Gegensätze sind, belegt das Wachstum des Geldinstituts: Unter Berndorffs Leitung wuchs die Bank kräftig von 90 auf heute rund 200 Mitarbeiter. Die müssen nicht unbedingt katholisch sein, aber Christen, die sich in Kirchendingen

Ein alter Kölner Katholik

Unverändert ist Dr. Christoph Berndorff Vorstandsvorsitzender der Pax-Bank.

> "Sollte nicht all unser Handeln stets ethischen Grundsätzen entsprechen?"

gut auskennen. "Unsere Berater müssen wissen, dass ein Kardinal nicht mit ‚Herr Meisner' oder ‚Herr Lehmann' angesprochen wird", erklärt der Vorstandschef.

Acht deutsche Standorte hat die Pax-Bank, die 2009 auf Rang 48 der größten Genossenschaftsbanken lag. Hinzu kommen Dependancen in Rom und Jerusalem. Das 2009 eröffnete zentrale Desk für Auslandskunden hält den Kontakt mit Bistümern in Osteuropa, Afrika und Lateinamerika. Besonderes Vergnügen bereitet Berndorff folge-

richtig die Zusammenarbeit mit Ordensgemeinschaften auf der ganzen Welt. Wenn er unterwegs ist, trifft er Äbte, besucht Schulen, erhält so Einblick in das Leben und die Sorgen vor Ort. Für später kann er sich gut vorstellen, seinem Lieblingshobby „Reisen" nachzugehen, um auf diese Weise seine Neugierde und den Drang nach Abwechslung auszuleben. Er schätzt die wohltuende Ruhe, die Asien ausstrahlt, und lernt gerne andere Religionen kennen.

Auf seinem Bürostuhl hält es ihn nicht lange: Er arbeitet an einem Stehpult, läuft oft durchs Haus und bewegt sich gerne. Sich selbst beschreibt Christoph Berndorff denn auch als „durchaus ungeduldig, wenn es mal nicht so schnell geht wie vorgestellt". Dann rutsche er nervös auf dem Stuhl hin und her. Im Sommerhalbjahr spielt er einmal pro Woche abends nach der Arbeit neun Löcher in seinem Golfclub in Köln-Marienburg. „Ich erfreue mich an der Natur, an schön gewachsenen Bäumen", sinniert der 60-Jährige.

Die Samstagnachmittage sind fürs Joggen reserviert. Mit der Ehefrau und dem Vizsla, einem ungarischen Vorstehhund, geht er gerne spazieren, etwa in der Eifel oder im Bergischen Land. Hierbei gelte für ihn: „Schlechtes Wetter gibt es nicht."

Fest verwurzelt im Ruhrgebiet

Ohne Veränderung ist Hans Martz noch immer Vorstands-chef der Sparkasse Essen.

Die alten Ruhrgebiets-Grundsätze hält Hans Martz sehr hoch. „Der Mensch sollte drei Charaktereigenschaften besitzen: erstens Zuverlässigkeit, zweitens Zuverlässigkeit und drittens Zuverlässigkeit", sagt der Vorstandsvorsitzende der Sparkasse Essen. Der Vater arbeitete im Stahlwerk und auch der Sohn ist dem Ruhrpott treu geblieben. Dass er Banker wurde, war „eher ein Zufall", meint Martz.

„Ich bin sehr bodenständig", beschreibt sich der in Essen Geborene selbst. Sicher hätte es Chancen gegeben, in eine andere große Stadt zu wechseln. Doch er „bedauert es nicht, hier geblieben zu sein". Denn das Dableiben hat laut Martz einen großen Vorteil: „Ich musste mich nie in neue Strukturen einarbeiten, konnte deren Wachsen selbst mit beeinflussen." Dass der oberste Chef alles so gut kennt, macht es für die Mitarbeiter nicht immer leicht: „Manchmal weiß er zu schnell, wo der Hase langläuft", heißt es aus dem Haus.

1964 fing Martz als Lehrling bei der Sparkasse Essen an. Nach betriebswirtschaftlichem Studium in Düsseldorf und Bonn stieg er hausintern auf, wurde 1991 Vorstandsmitglied, 1995 stellvertretender Vorsitzender des Vorstands. Im Sommer 2007 übernahm er dessen Vorsitz. Seine Banker-Sporen erwarb sich Martz im Bereich Organisation und IT – und bescheinigt sich selbst „eine hohe Affinität zu technischen Innovationen". Seine heute kaum noch wiederholbare Karriere habe mit viel Glück und guten Führungskräften geklappt. „Es war kein Kaminaufstieg, sondern ich habe verschiedene Bereiche durchlaufen", beschreibt er. Und er freut sich über die Branche: „Das Bankgeschäft ist so herrlich vielfältig und bunt."

Entscheidender Faktor für Geschäfte ist laut Martz das persönliche Netzwerk. Nur daraus ergebe sich Vertrauen – „egal ob im Beruf, im Sport oder beim kulturellen Engagement", so Martz, der auch Vizepräsident der IHK Mülheim-Essen-Oberhausen ist. Sein Lebensmotto: „Schaff' Dir Freunde, bevor Du sie brauchst."

Das Bankgeschäft ist so herrlich vielfältig und bunt.

Statt Geburtstagsgeschenken erbittet der einstmals erfolgreiche Basketballer Geldspenden zur Unterstützung des Vereins zur Förderung des Leistungssports, dessen Vorsitzender er ist. 25 Jahre lang hat Martz aktiv Basketball gespielt – „jetzt fehlt für Sport die Zeit". Langsam tastet er sich nun ans Golfspiel heran. „Dazu muss man eine hohe Frustrationstoleranz haben", gibt er zu.

Mit seiner Frau geht er oft ins Aalto-Theater, mag Besuche der Philharmonie und will sich auch nach der Pensionierung in vier Jahren weiter aktiv für das Kulturleben in Essen einsetzen. Das Thema Gastronomie spielt für Martz ebenfalls eine große Rolle; er ist Mitglied im weltweiten Gourmetclub „Chaîne des Rôtisseurs" und im Rotweinclub „Commanderie de Bordeaux". Denkt er an Urlaub, dann schwärmt Martz von seiner Arktis-Reise im vergangenen Sommer: „Eisbären gucken – das war beeindruckend." Überhaupt könnten ihm Reisen gar nicht exotisch genug sein.

Für den 61-Jährigen rückt der Abschied aus dem Berufsleben näher. „Meine Frau erwartet von mir einen Unruhestand", umschreibt Martz seine Zukunftspläne. Seinem Naturell würde es entsprechen, dass er sonst daheim alles umorganisieren will. Doch: „Zuhaus ist die Rolle des Vorstandsvorsitzenden vergeben", sagt er mit großem Ernst.

„Auf sein Wort kann man sich verlassen", lobte der damalige Essener Oberbürgermeister Wolfgang Reiniger Martz anlässlich dessen 60. Geburtstags. Der solcherart Gepriesene entgegnete: „Als ehemaliger Messdiener weiß ich, dass wir bei besonderen Anlässen den Weihrauchtopf immer etwas kräftiger geschwenkt haben. Aber schon ein altes bayerisches Sprichwort sagt, dass zu viel Weihrauch den Heiligen rußig macht."

Montags diskutiert Kai Friedrich erst einmal die Bundesliga-Ergebnisse des Wochenendes mit seinen Mitarbeitern. Dem in Oberbayern aufgewachsenen Vizechef des Online-Brokers Cortal Consors Deutschland liegt Bayern München noch immer näher als der Club seiner neuen Heimat Nürnberg. Seine Kollegen wollten es dem Fußball-Fan daher nicht glauben, dass er bei der Weltmeisterschaft zwar Karten für Kunden und Partner verschenkte, selbst aber kein einziges Mal live im Stadion dabei war.

„Ich bin eine unkomplizierte und pragmatische Führungskraft und versuche, meinen Mitarbeitern ein Coach zu sein – was angesichts meines Alters nicht immer leicht ist", beschreibt der 40-Jährige seine Führungsauffassung. In der ganzen Online-Bank herrscht das „Du" als Anrede vor. Friedrich findet das gut: „Das ähnelt dem oberbayerischen ‚ihr‘", sagt er. Aber ein „Du" heiße nicht, dass nicht gearbeitet werden müsse.

Während seines BWL-Studiums in München war er Werkstudent bei der Bayerischen Vereins- und der Bayerischen Hypothekenbank, später in der Kundenbetreuung der Direkt Anlage Bank. Dort fing er nach seinem Studienabschluss an. Bereits drei Monate später übernahm er die Leitung des Kontoservice, später des gesamten Kundenservice. 1999 wechselte er dann zu Consors und baute das Online-Geschäft mit auf. Knapp drei Jahre verbrachte er in der Pariser Consors-Zentrale, stieg vom Direktor für Online zum Privatkunden-Direktor und zum Generaldirektor auf. Während des Verkaufsprozesses von Consors an die französische BNP Paribas war Friedrich Interims-CEO. Seit 2005 ist er Mitglied des Executive Committee Deutschland.

Dass mit seiner Ernennung zum operativen Leiter des deutschen Geschäfts von Cortal Consors vor gut einem Jahr erstmals auch die Pressearbeit zu seinen Aufgabenbereichen hinzugekommen ist, ist für Friedrich ein gutes Stück Lernen. „Ich bin Vertriebsmensch, rede

> Ich bin Vertriebsmensch, rede gern und viel.

gerne und viel", bekennt er. Daher fiel es ihm am Anfang nicht immer leicht, sich für die Medien kurz zu fassen und knackige Statements abzugeben.

Nach seinen Jahren in Paris schwärmt er für die französische Küche und erzählt einen Insider-Witz: „Wenn ich bei BNP Paribas bin, dann fordere ich die Kollegen zum Schnitzel-Essen auf." Dabei meint er ein gutes französisches Entrecôte. Und beim Gedanken an ein Cassoulet verdreht er genießerisch die Augen. Ein Genuss sei für ihn auch sein iPad. „Ein iPad braucht kein Mensch", sagt Friedrich mit Nachdruck in der Stimme. „Doch es macht sehr viel Spaß." Abends surft er damit auf dem Sofa sitzend und Klassik-Radio lau-

Ein Bayer im Frankenland

Kai Friedrich ist seit November 2011 CEO von Cortal Consors Deutschland und als Deutschland-Chef auch Mitglied des Executive Committee von BNP Paribas Personal Investors. Seit Januar 2013 ist er zusätzlich Mitglied des Group Management Board von BNP Paribas Deutschland.

schend. Für Cortal Consors lässt er eine iPad-Version programmieren. Seine meistgenutzte App auf dem iPhone ist die der Süddeutschen Zeitung.

Er sei kein Gadget-Fan, aber „ein Unternehmen, das 80 % seines Umsatzes online erzielt, muss verstehen, was im Web so geschieht", sagt Friedrich. Er selbst ist auch im Internet präsent, sein Profil im Business-Netzwerk Xing ist „Pflicht". „Natürlich" nutzt er auch Facebook aktiv und hat darüber einen australischen Freund wiedergefunden. Sein Lebensstil entspricht da genau dem seiner Kunden.

Auf dem Sideboard in seinem Büro stehen die Fotos seiner Kinder. Ein großformatiges Poster des schneebedeckten Mont Blanc und des Aiguille du Midi hängt hinter dem Schreibtisch. „Da war ich schon zu Fuß oben", berichtet er über seine früheren Bergsteiger-Erfolge. Auf die Zugspitze sei er früher regelmäßig hochgegangen, einfach, um fit zu bleiben. Heute kommt er im Schnitt jeden zweiten Tag mit dem Fahrrad ins Büro. Dabei wohnt er nicht gerade um die Ecke, eine Strecke beträgt 19 Kilometer. Die Begeisterung in seiner Stimme ist nicht zu überhören: Mit der Consors-Firmenmannschaft hat der Allrounder im vergangenen Sommer an einem 100-Kilometer-Radrennen teilgenommen.

"Menschen machen Geschäfte" lautet einer der Leitsätze von Siegmund Schiminski. Und er bekennt: „Ich mag Menschen." Der Vorstandsvorsitzende der Sparkasse Bayreuth und Landesobmann der bayerischen Sparkassen sagt auch über sich selbst: „Bei allen technischen Neuerungen bin ich weit vorne dabei." Daher sei die Sparkasse Bayreuth in vielen Dingen führend, oft bei Modellprojekten dabei, wurde beispielsweise als eine der ersten komplett nach Balanced Scorecard gesteuert.

Schiminski sieht sich nicht als Manager. Nach seiner Definition ist ein Manager „jemand, der nach Zahlen führt". Er selbst jedoch „will Leader und Visionär" sein: „Mich interessieren neue Dinge." Eine neue Technik, die das Leben des 60-Jährigen verändert hat, ist das iPhone. „Seit ich es besitze, habe ich alle Zeitungen abbestellt", gesteht er. „Meine Lieblings-App ist der Akinator, eine Anwendung, die Persönlichkeiten errät", beschreibt der Begeisterung und trotzdem fokussierte Ruhe ausstrahlende Sparkassenvorstand. Durch die App lerne er stets Neues über Menschen.

Nach der Ausbildung bei der Sparkasse hat Schiminski Betriebswirtschaftslehre studiert und einige Jahre als Nachwuchsführungskraft in der Industrie gearbeitet, bevor er wieder zur Sparkassen-Organisation zurückkehrte. Er wurde Leiter der Kreditüberwachung/Kreditrevision, dann stand er der betriebswirtschaftlichen Abteilung vor, stieg zum Verhinderungsvertreter des Vorstandes auf. Er zählt inzwischen zu den Urgesteinen der bayerischen Sparkassen-Landschaft, war ab 1985 Vorstandsvorsitzender der Kreissparkasse Bayreuth-Pegnitz und trägt seit 2001 in erster Reihe Verantwortung für die Sparkasse Bayreuth. Seit September vergangenen Jahres ist er als Landesobmann der Sprecher der Vorstände aller bayerischen Sparkassen. In dieser Rolle war er auch im Verwaltungsrat der BayernLB tätig und übernimmt gleichzeitig Funktionen in Gremien der bayerischen und deutschen Sparkassen-Organisation.

Schiminski nennt sich „gottesfürchtig" und zitiert eine Definition von John Lennon: „Ich glaube, dass Gott etwas in uns ist." In der Ecke seines Büros befinden sich ein Kreuz und eine Ikone. An den Wänden hängen Ölbilder, die seine oberfränkische Heimat darstellen, einen Blick in die Fränkische Schweiz beispielsweise. „Heimatverbunden" ist ein Merkmal, das seiner Mitarbeiterin spontan zu ihrem Chef einfällt.

Heimatverbundener Technik-Fan

Keine Veränderungen haben sich in der Position von Siegmund Schiminski als Vorstandsvorsitzender der Sparkasse Bayreuth ergeben.

Dem Nestling Lehrer sein, um ihn dann fliegen zu lassen.

Schiminskis Büro befindet sich Wand an Wand mit dem Markgräflichen Opernhaus, einem der schönsten Operngebäude der Welt. Der gebürtige Bayreuther hört gerne klassische Musik, von Mozart über Beethoven bis Verdi und selbstverständlich Richard Wagner. Als passionierter Jäger verbringt Schiminski viel Zeit in der Natur. Immer wieder nutzt er die Jäger-Sprache, etwa wenn er seinen Umgang mit Mitarbeiter-Nachwuchs beschreibt: „Dem Nestling Lehrer sein, um ihn dann fliegen zu lassen." Dabei öffnet er seine geschlossene Faust, wie um dem Vogel eine Startplattform zu bieten.

Mit seiner Dalmatiner-Hündin läuft Schiminski täglich, bezeichnet sich selbst als „familiären, gesundheitsbewussten und sensiblen Typ". Dass er seine Sensoren überall habe und sich gut in Mitmenschen hineinversetzen könne, hält er für eine große Stärke. Doch hinter der Sensibilität stehe eine Impulsivität, denn „wenn ich von etwas überzeugt bin, dann will ich es unbedingt – was auch mal zu Spannungen führt". Wenn Schiminski Sätze sagt wie: „Wer nie aus sich herausgeht, der kann auch nicht in sich hineingehen", dann klingt er fast philosophisch.

GANZ PERSÖNLICH: CHRISTIAN BRAND

Der englische Badener

Unverändert ist Christian Brand der Vorstandsvorsitzende der L-Bank in Karlsruhe.

Christian Brand ist ein Lokalpatriot. Er liebt den Blick von seinem Schreibtisch zur Turm-Kuppel des Karlsruher Schlosses. Und zum Nachmittagskaffee lädt der Vorstandschef der L-Bank, der Förderbank des Landes Baden-Württemberg, zur Johannisbeer-Torte der Confiserie Endle ein. Doch das Bild stimmt nicht ganz: Der Westfale ist zwar seit mehr als 15 Jahren im Badischen zuhause, doch hat er sich seine „typisch englische Art" nach langem Aufenthalt in London bewahrt – inklusive seiner Vorliebe für schwarzen Tee, Mischung: ein Drittel Assam und zwei Drittel Earl Grey.

Seine Karriere begann der in Dortmund geborene Brand bei der Westfalenbank. Nach dem Wirtschaftsstudium ging er zur WestLB. Von Düsseldorf wechselte er nach London, ging zu J.P. Morgan, die ihn Jahre später als Geschäftsführer nach Frankfurt schickte. 1989 zog er erneut nach London, zwei Jahre später wieder zurück nach Frankfurt, wo er die Distribution der weltweiten Kapitalmarktprodukte bei J.P. Morgan für Deutschland koordinierte. Seit 1993 ist er im Vorstand der L-Bank, seit 2001 deren Vorsitzender.

Einer breiteren Öffentlichkeit ist Brand als Vorsitzender des Bundesverbandes der Öffentlichen Banken (VÖB) bekannt geworden. Er betreibt für die deutschen Kreditinstitute aktiv Lobbyarbeit in Brüssel. Regulierung sei nötig, doch sei es „klug, diszipliniert zu sein und sich freiwillig überprüfen zu lassen". In Diskussionen halte er wenig von Moral-Argumenten. Stattdessen setzt Brand auf Fairness und langfristige Vernunft.

Im Geschäftsleben lebt Brand bewusst in dem Spannungsverhältnis, rasch etwas zu bewegen oder auch einmal Geduld walten zu lassen und Entwicklungen abzuwarten. Dass sein Institut so gut dastehe, liege vor allem an der soliden Mittelstandsbasis in Baden-Württemberg, erklärt der L-Bank-Chef: „Es ist auf Dauer schwer, besser zu sein als seine Kunden." Sich selbst bezeichnet Brand als „strukturierten" Menschen und empfindet es als Glück, konzentriert arbeiten zu dürfen und zu können.

Seine Familie sei sein wichtigstes Korrektiv gegen den Verlust der Bodenhaftung aufgrund seines Berufs. In diesem Frühjahr beispielsweise unterstützte Brand seine Tochter bei deren Abitur-Vorbereitungen. Er half bei einem Referat über China – und wurde sich dadurch bewusst, wie wichtig die Konzentration auf das Wesentliche ist. „Das war recht lehrreich", erinnert er sich. Manchmal schade zu viel Detailwissen. Diese Erkenntnis gelte auch und gerade für die Bankenwelt. „Egal wie schön und detailreich eine Präsentation ist: Verstehe ich sie nicht, dann läuten alle Alarmglocken", sagt er.

Brand ist einer, der sich immer wieder in sein Gegenüber hineinzuversetzen versucht. Der Düsseldorfer Journalistin gegenüber bekennt der 61-Jährige beispielsweise seine Zuneigung zu der Stadt im Rheinland: „Düsseldorf ist immer eine Reise wert – immerhin habe ich dort auch geheiratet."

> „Es ist auf Dauer schwer, besser zu sein als seine Kunden."

Als passionierter Jäger besitzt Brand eine Jagdhütte in den Bregenzer Alpen. Dorthin fährt er häufig an den Wochenenden. Sportlich kraxelt er die Berge hinauf – und träumt von seinem Lebenskeiler. „Ich lebe im Hier und Jetzt, da bleiben keine Lebenswünsche übrig", bekennt er jedoch, wenn er nach seiner persönlichen „Dinge, die man in diesem Leben noch machen müsste"-Liste gefragt wird. „Ich mache das gerne, was ich jetzt mache."

Brand engagiert sich auch für das Festspielhaus in Baden-Baden. Dabei freut er sich nicht vorrangig an den dort aufgeführten Opern und Konzerten, sondern „dass hohes Niveau auch wirtschaftlich tragfähig ist". Da kommt dann der pragmatische Banker in ihm zutage, denn: „Ich bin kein Opernliebhaber."

PERSÖNLICH: DR. VOLKER VAN RÜTH

Auf Augenhöhe mit den Kunden

Ende 2010 hat Dr. Volker van Rüth Hauck & Aufhäuser verlassen, im April 2011 stieg er in die Geschäftsführung der Warburg Invest Kapitalanlagegesellschaft mbH ein.

„Unabhängig – persönlich – unternehmerisch" – das ist das Motto der traditionsreichen Frankfurter Privatbank Hauck & Aufhäuser. Es könnte aber auch als Titel über dem Leben von Dr. Volker van Rüth stehen, einem der beiden persönlich haftenden Gesellschafter des Bankhauses. Er sei ein Bankier, kein Banker: „Die starke unternehmerische Komponente ist ein großer Unterschied zum angestellten Manager", betont van Rüth. Nur so könne er auf Augenhöhe mit den Kunden reden, die zum Großteil ebenfalls Unternehmer sind. „Es gibt einen einfachen Weg, Unternehmer zu verstehen: Man ist selber einer." Dieses selbstbewusste Statement steht auf der Internetseite der Privatbank.

Unternehmer muss er sein, denn als persönlich haftender Gesellschafter steht van Rüth schließlich mit seinem gesamten Vermögen für seine Management-Entscheidungen ein. „Risiko und Haftung sind bei uns gekoppelt wie bei allen inhabergeführten Unternehmen – und bei vielen unserer Kunden", sagt van Rüth. Mit dem persönlichen Risiko könne er gut leben, obwohl er zugibt, dass er „in den Tagen nach der Lehman-Pleite und beim Gedanken an die Hypo Real Estate einige Nächte schlecht geschlafen" hat. Der verheiratete Vater von vier Teenagern hat eine Affinität zu medizinischen The-

men. Was andere Banker beispielsweise als „Analyse-Gespräch" mit Neukunden bezeichnen, nennt van Rüth eine „Anamnese". Da passt es, dass er sich auch im Vorstand der Stiftung Transfusionsmedizin und Immunhämatologie engagiert.

Nach dem Abitur hätte van Rüth am liebsten Medizin studiert. Doch davor stand die Hürde des Numerus Clausus. Die Alternative eines Politologie-Studiums schied mangels Verdienstperspektiven aus. Also folgte er dem Vorschlag seines Vaters, machte eine Banklehre, sattelte ein BWL-Studium drauf und entwickelte in seiner Dissertation ein Entscheidungsmodell für Allfinanzkonzepte. Seine wissenschaftlichen Ideen wurden zu seinem Bedauern nicht in der Realität validiert, „denn Banken waren nie in der Rolle der Übernehmenden".

Nach Uni-Assistenzzeit und Promotion wollte van Rüth bewusst etwas anderes machen und ging zur Landesgirokasse Stuttgart, zunächst als Vorstandsassistent, danach ins institutionelle Asset Management. Nach der Fusion zur Landesbank Baden-Württemberg stieg er dort bis zum Geschäftsbereichsleiter auf. Dort ereilte ihn der Ruf als Professor an die Fachhochschule Reutlingen – den er jedoch ablehnte. „Das ist mir sehr schwergefallen", gibt van Rüth heute zu. Die Praxis lag ihm am Ende näher. Dennoch meint er: „Die Freiheitsgrade an der Uni wären sicher größer gewesen als die eines ständig dem Termindruck ausgesetzten Bank-Partners."

Ein Personalberater holte ihn zu Hauck & Aufhäuser, als diese einen Nachfolger für einen in den Ruhestand gehenden persönlich haftenden Gesellschafter suchten. „Mir hat die ganzheitliche Beratungsphilosophie des Hauses gefallen", sagt van Rüth. Zugesagt hat er aber erst, nachdem er sich die Kreditbücher und Risikopositionen der Bank genau angeschaut hatte.

> Es gibt einen einfachen Weg, Unternehmer zu verstehen: Man ist selber einer.

Van Rüth bezeichnet sich selbst als gradlinigen, zuverlässigen und kreativen Realisten. Seine Mitarbeiter loben ihn als „analytischen Kopf". Während er in der Bank eher mit abstrakter Materie zu tun hat, mag er es in der Freizeit lieber konkret: Als begeisterter Handwerker stellt er sich dann gelegentlich an die Werkbank im Keller seines Hauses und führt die eine oder andere Reparatur selbst aus: „Da sieht man rasch das Ergebnis und kann es meistens auch anfassen", meint der rührige Bankier. Fit hält sich van Rüth mit Tennisspielen und Jogging – und wenn er später einmal mehr Zeit hat, dann könnte er sich vorstellen, sich auch politisch zu engagieren.

PERSÖNLICH: GABRIELE KELLERMANN

Die Bank als Heimat

Gabriele Kellermann hat das Personalressort abgegeben und ist inzwischen im Vorstand für Risikomanagement und Bankenregulierung zuständig. Zudem hat sie den Vorsitz der BBBank Stiftung übernommen.

Wer Gabriele Kellermann erstmals begegnet, könnte die 46-Jährige mit den dunklen Locken leicht unterschätzen. Doch die zierliche Frau ist stärker als viele denken. Sie fährt im Winter mit Vorliebe die steilsten und wildesten Pisten herunter. Und seit Jahresanfang verstärkt sie den Vorstand der BBBank.

Ihr 25-jähriges Dienstjubiläum war am 1. August. Vor einem Vierteljahrhundert begann sie ihre Ausbildung zur Bankkauffrau bei der BBBank in Karlsruhe. Zuvor hatte sie fünf Semester Germanistik und Geschichte in Konstanz studiert – doch die fehlenden beruflichen Perspektiven aufgrund der damaligen Einstellungsstopps im Lehramt veranlassten den Ausstieg aus der Universität nach den Zwischenprüfungen. Stattdessen folgte die Ausbildung. „Danach wollte ich Wirtschaftswissenschaften studieren", sagt sie. Kurz nach Ausbildungsende bot man ihr an, „im Sekretariat des Vorstandsvorsitzenden anzufangen". Nachdem sie geklärt hatte, dass dort mehr als Kaffeekochen auf sie wartete, willigte sie ein. Als rechte Hand des Bank-Chefs gewann sie „rasch tiefe Einblicke in viele interessante Themen, die heute unter Treasury, Risikomanagement und Controlling fallen". Das sei ihrer Neugierde sehr entgegengekommen, beschreibt Kellermann. Die notwendigen Fachkenntnisse erwarb sie durch ein nebenberufliches Studium zur Bankbetriebswirtin. Mit zwei Kolleginnen gründete sie den Bereich Zentral-Disposition, aus dem später die Treasurysparte wurde. Seit Anfang 2010 ist sie unter anderem Risiko- und Personalvorstand der BBBank. „In der Bank habe ich meine emotionale Heimat gefunden", sagt Kellermann.

Überraschend: Die Verlockung, an den Bankenplatz Frankfurt zu wechseln, hat sie nicht verspürt. „Wir sind eine relativ große Genossenschaftsbank – da sind die Aufgabenstellungen groß und vielfältig genug, um Relevanz zu haben." Ein Eigenhandelsgeschäft von rund 4 Mrd. Euro zu managen und zu steuern, sei für ein genossenschaftliches Institut außergewöhnlich, beschreibt sie. Angesichts ihres Faibles für Zahlen ließ sie sich denn auch nie in eine typische Frauenrolle drängen. „Banksteuerung, Treasury, Rentabilität, profit + loss, das ist meine Welt", sagt sie.

Dass es „jemand aus den eigenen Reihen in den Vorstand geschafft" habe, sei „im Haus ein starkes Signal". Auf ihrem Weg nach oben wurde sie auch von Mentoren durchaus zur Übernahme verantwortungsvollerer Aufgaben ermutigt. Daher freue es sie umso mehr, „mit meinem Rucksack an Erfahrung nun selbst Talente erkennen und fördern zu können".

„Ich will meine Aufgaben immer möglichst gut erledigen, sodass ich selbst damit zufrieden bin", beschreibt Kellermann ihren persönlichen Ehrgeiz. Zielstrebigkeit sei dafür unabdingbar. Doch planen könne man eine Karriere wie ihre trotzdem nicht, meint Kellermann. Glück gehöre immer dazu.

In ihrem offiziellen Lebenslauf steht „nicht verheiratet, keine Kinder". Doch die Wahrheit steckt hinter diesen Zeilen: „Ich lebe in einer Patchwork-Familie", sagt die dynamische Bankspezialistin. Ihr langjähriger Lebenspartner brachte zwei Söhne in ihr Leben, die

Ich lebe in einer Patchwork-Familie.

heute 8 und 11 Jahre alt sind. Job und Familie zu vereinen fällt ihr leicht: „Ich habe eine Luxusposition, denn ich bin vor allem Wochenend- und Urlaubsmutter."

Als begeisterte Sportlerin beschreibt sie das Berufsleben als „Marathon, nicht Sprint". Die Familie helfe ihr dabei, immer die Puste zu behalten. Kurz nach ihrem Antritt im Vorstandsposten hat sich die begeisterte Skifahrerin trotzdem eine seit langem geplante Auszeit gegönnt, um bei den Olympischen Winterspielen in Vancouver dabei zu sein. Mehrmals im Winter fahre sie mitsamt Familie in die Alpen. „Schwarze oder Buckelpisten, Gelände und Free-riding – alles ist gut." Und als Traum-Reiseziele warten Neuseeland und Südamerika auf sie.

Banker mit sozialem Auftrag

"Wir leben in extremen Widersprüchen", sieht Thomas Jorberg die Gesellschaft kritisch – und auch sich selbst. Der Vorstandssprecher der GLS Bank ist beileibe kein Grübler. Aber er liebt tiefschürfende Gedanken und Unterhaltungen – und ist überzeugt: "Immer mehr Menschen wollen ganzheitlich leben, denn es ist ein menschliches Grundbedürfnis, mit sich selbst im Reinen zu sein."

Dazu gehört laut Jorberg für immer mehr Menschen auch, sich in Gelddingen vom Prinzip der Gewinnmaximierung zu verabschieden. "Vor allem wohlhabende Menschen stellen sich immer häufiger die Sinnfrage."

Die Finanzkrise hat seiner Meinung nach den Weg der GLS Bank bestätigt. Die Bochumer waren 1974 die erste Bank der Welt, die komplett nach sozialen und ökologischen Grundsätzen handelte. Inzwischen zählt sie zu den 100 größten Genossenschaftsbanken und wächst um 1.700 Kunden pro Monat. "Darunter sind nicht wenige Prominente", freut sich Jorberg. Wie sehr das Thema en vogue ist, veranschaulicht auch die Tatsache, dass er inzwischen dreimal so häufig als Redner auf Veranstaltungen gefragt ist.

"Die GLS Bank ist wie sein Kind", beschreibt ein langjähriger Mitarbeiter. Jorberg hatte den Bankgründer privat kennengelernt und war derart begeistert von dessen sozial-ökologischem Konzept, dass es ihn nie wieder losließ. Im Jahr 1974 wurde Jorberg der erste Auszubildende der jungen Bank. Dann studierte er Wirtschaftswissenschaften und kehrte 1986 wieder zur GLS Bank zurück. Seit 1993 ist er im Vorstand, seit 2003 dessen Sprecher.

"Ich bin über jeden Kredit glücklich, den wir vergeben können", sagt Jorberg. Besonders freut es ihn, dass die GLS Bank durch ihre Finanzierungen auch gesellschaftlichen Wandel vorantreiben kann. "Viele Menschen nehmen die Rahmenbedingungen als gegeben hin, statt daran etwas in ihrem Sinne zu verändern." So freut sich Jorberg, dass die GLS nach der Tschernobyl-Katastrophe die ersten Wind-

> "Vor allem wohlhabende Menschen stellen sich immer häufiger die Sinnfrage."

kraftanlagen finanziert hat. Ohne die GLS Bank hätten die Energiewerke Schönau nicht zeigen können, dass eine Energieversorgung auch ohne die großen Versorger möglich ist.

Die GLS Bank hat auch Deutschlands größte Moschee in Duisburg-Marxloh finanziert. Daraufhin zogen zwei bis drei Kunden ihre Gelder ab. Doch Jorberg begründet die Kreditvergabe: "Wir wollen keine Werte prägen, die für alle gültig sind." Wer einen Cha-

Unverändert ist Thomas Jorberg als Vorstandssprecher der GLS Bank in sozialer Finanzmission unterwegs.

rakter habe, der habe zwangsläufig auch Ecken und Kanten. Das gelte auch für Unternehmen. "Wichtig ist nur, transparent zu sein", so sein Credo.

Bewusst zu leben ist für Jorberg keine Frage des Verzichts: "Ich bin ein Genießer, kein Asket." Vor allem wenn es um Kulinarisches geht, plädiert er für allerhöchste Qualität – nicht zuletzt bei Maultaschen. Denn im Schwabenland ist Jorberg aufgewachsen.

Ob es mit der schwäbischen Mentalität zusammenhängt, dass ihm Statussymbole nicht wichtig sind? Als die GLS Bank vor ein paar Jahren in das von ThyssenKrupp neu erworbene Gebäude umzog, zog Jorberg dort in eines der Vorstandszimmer. Er ließ als Erstes eine Wand einziehen, weil ihm der Raum zu groß war.

In seiner Freizeit segelt Jorberg "ausgesprochen gerne". Sein Acht-Meter-Boot liegt meist im holländischen Ijsselmeer. Er spielt in einer Hobby-Mannschaft Basketball und hat den Sonntagvormittag reserviert für lange Spaziergänge oder Radtouren mit seiner Frau.

Generell fährt Jorberg gerne Fahrrad. In diesem Zusammenhang gibt er aber einen "echten Widerspruch" zu: "Ich fahre immer mit dem Auto zur Bank."

Effizient, nicht effektiv

Die Valovis Commercial Bank ging Mitte September 2011 rückwirkend in der Valovis Bank auf, die aufgrund der Griechenland-Krise Ende 2011 vom Einlagensicherungs-fonds des Bundesverbands deutscher Banken mit 100 Mio. Euro aufgefangen werden musste. Im Oktober 2012 wurde Theodor Knepper von seinem Posten als Vorstandsvorsitzen-der bei der Valovis Bank abberufen.

D ie KarstadtQuelle Bank hat sich vom ehemaligen Mutterkon-zern Arcandor gelöst. Seit April 2009 gehört sie zur Essener Valovis Bank – und hat sich daher Anfang März dieses Jahres einen neuen Namen gegeben: „Valovis Commercial Bank". Theodor Knep-per, in Personalunion Vorstand bei Mutter und Tochter, nimmt die Herausforderung gerne an: „Ein Unternehmen komplett neu zu positionieren – solch eine Chance erhält man nur selten."

Nach der Insolvenz des Arcandor-Konzerns muss sich das Insti-tut völlig neu aufstellen, um am Markt bestehen zu können. In der Vergangenheit fungierte die Bank als Dienstleister innerhalb des Warenhauskonzerns. Doch auch künftig bleibt die Einzelhandels-Expertise gefragt, wie Knepper betont: „Wir kennen die Probleme des Handels, und die Händler schätzen unsere Erfahrung."

Die Zielgruppe der Valovis Commercial Bank sind mittelständi-sche Handelsunternehmen, denn Firmen dieser Größe können sich keine eigene Bank aufbauen. Als neuer Geschäftszweig soll das Fac-toring dazukommen, also die Liquiditätssicherung des Händlers. Der 48-jährige Knepper beschreibt die Entwicklung der Bank so: „Im vergangenen Jahr haben wir viel aufgeräumt, dieses Jahr wird kon-solidiert, und im kommenden Jahr erwarten wir einen Anstieg von Ertrag und Rentabilität." Die Mitarbeiter seien hoch motiviert, den Wandel mitzutragen und mitzugestalten.

Durch die Ausstattung der Karstadt-Kundenkarten mit einer Kreditkarten-Funktion mauserte sich die Bank zu einem der größ-ten Emittenten von Mastercard-Karten in Deutschland. „Mit knapp 900.000 Kreditkartenkunden haben wir einen enorm großen Kun-denstamm", sagt Knepper. Sein Haus gibt aber nicht nur für Karstadt, sondern auch für viele größere und kleinere Mittelständ-ler so genannte „Co Brand"-Mastercards heraus, beispielsweise für Louis Motorrad.

„Meine Mitarbeiter müssen Spaß an ihrer Arbeit haben."

Kneppers Vater wollte, dass sein Sohn Bergbauingenieur wird. In dem für das Studium erforderlichen Praktikum unter Tage arbeitete Knep-per auch im Streckenvortrieb und Kohleabbau – und stellte dabei fest, dass er doch im kaufmännischen Bereich besser aufgehoben ist. So absolvierte er eine Ausbildung bei der Westfälischen Hypotheken-bank, besuchte die Bankakademie, stieg auf bis zum Bankdirektor. Bei mehreren Übernahmen sammelte er Erfahrung mit der Einglie-derung, Umstrukturierung und Neupositionierung von Finanzhäu-sern. Vom Vorstand der Hypo Real Estate wechselte er zu Barclays. Seit Juli 2009 ist Knepper Finanzvorstand der Essener Valovis Bank.

Seine Mitarbeiter beschreiben ihn als „offenen Menschen". Knep-per bestätigt: „Es gibt kaum etwas, das ich nicht kommuniziere."

Zudem sei er team- und zielorientiert – getreu dem Motto: „Effizient arbeiten, nicht effektiv." Und er betont: „Meine Mitarbeiter müssen Spaß an ihrer Arbeit haben." Als echtes Kind des Ruhrpotts begeis-tert er sich für Fußball und ist Fan von Borussia Dortmund. Er besitzt zwei BVB-Dauerkarten: „Da kann ich immer wen mitneh-men." Doch selbst spielt er mit kleineren Bällen, hat vor einigen Jah-ren den Golfsport für sich entdeckt. „Ich arbeite Golf", beschreibt er sein Spiel. Denn es fehlten ihm Zeit und Übung, um eine Leichtig-keit im Spiel zu erreichen. In der raren Freizeit liest er, „was mich ins-piriert und meine Kreativität befördert". Knepper beschreibt sich als Genussmenschen, der einen guten Tropfen Wein einem Bier vor-zieht, und schwärmt von Sushi und anderen Spezialitäten der japa-nischen Küche. Und auch bei der Gastronomie gilt sein Leitspruch: „Ich mache keine halben Sachen." Wenn er sich mal ein Gericht aus dem figurschädlichen Ruhrpott-Currywurst-Orbit gönnt, dann sind die „Pommes rot-weiß".

Ein Teamplayer war Axel Bartsch schon immer. Nach dem Abitur lebte der heutige Vorstandschef der KBC Bank seine „riesige Leidenschaft" aus: Neben dem Jurastudium spielte er viele Jahre lang Basketball in Göttingen, später wechselte er auf die Trainerbank des Erstliga-Vereins.

Aus dem Leistungssport hat der 1,96-Meter-Hüne etliche Erfahrungen auch ins Banken-Berufsleben mitnehmen können. „Der Umgang mit Sieg und Niederlage prägt das menschliche Sein" – und auch den Charakter. „Gewinnen zu wollen, aber mit dem Wissen zu leben, dass dies nicht immer gelingt, und trotzdem ohne Motivationsverlust zu arbeiten – das hat mich als Führungskraft geprägt", erzählt Bartsch. Sportler erkennen ihre Grenzen – überschreiten sie aber auch manchmal. Nicht zuletzt deshalb hat Axel Bartsch gute Erfahrungen mit Sportlern als Mitarbeitern gemacht.

Führung ist für Bartsch vor allem „Vorangehen und Raum geben". Das scheint sich auszuzahlen angesichts der relativ geringen Fluktuationsquote bei der KBC. „Ich bin bereit, mich und andere zu fordern. Ehrgeiz ist ein Bestandteil davon", sagt er und gibt sehr ambitionierte Ziele und Zahlen vor, denn er ist überzeugt: „Das Prinzip der sich selbst erfüllenden Prophezeiungen gilt auch für Unternehmen" – und zitiert eine Leistungssport-Weisheit: „Wer sich nicht bewusst für etwas entscheidet, bringt geringere Leistung." Seine wichtigsten Tugenden: Bartsch schätzt Geradlinigkeit, taktiert ungern und beschreibt sich selbst als offensiv und zielorientiert.

Bereits als 15-Jähriger strebte er eine Führungsposition in der Wirtschaft an. „Dass es die Bankenbranche wurde, hängt wohl damit zusammen, dass ich ein generalistisch veranlagter Mensch bin", sagt Bartsch. Parallel zum Rechtsreferendariat studierte er Betriebswirtschaft. Anschließend nahm er an der Führungskräfte-Ausbildung der Commerzbank in Hamburg teil und leitete Filialen im Privat- und Corporate-Bereich.

> **Ich bin bereit, mich und andere zu fordern – Ehrgeiz ist ein Bestandteil davon.**

1992 wechselte Bartsch dann nach Bremen zum Kreditbank-Bankverein als Direktor Privat-/Firmenkundengeschäft und stieg in dem in KBC umbenannten Institut 1995 in den Vorstand auf. Im Jahr 2006 wurde er zum Vorstandsvorsitzenden ernannt.

Bartsch schätzt die intensive Verbindung der Geschäftsleitung zu ihren Kunden. Die Tochter der genossenschaftlichen belgischen KBC Bank mit ihren 200 Mitarbeitern legt den Fokus auf das Mittelstandsgeschäft. 1.000 der 14.000 größten deutschen Mittelständ-

PERSÖNLICH: AXEL BARTSCH

Basket-baller im Banken-Team

Bei Axel Bartsch hat sich beruflich seit Erscheinen des Porträts im BANKMAGAZIN nichts geändert.

ler gehören zum KBC-Kundenkreis. „Viele unserer Geschäfte landen schon aus formalen Gründen schnell beim Vorstand, denn wir haben meist recht große Deals", erzählt Axel Bartsch. Bis 2005 kannte er noch jeden Kunden persönlich. Dies gehe wegen des starken Wachstums heute nicht mehr. Vor allem faszinieren ihn die deutschen Nischen-Weltmarktführer – Bartsch liebt es, seine Kunden-Unternehmen persönlich zu besuchen.

Durch die belgische Großbank als KBC-Gesellschafter ergab sich auch sein Posten als Honorarkonsul Belgiens. „Glücklicherweise bringt der Posten mehr Ehre als Amt", beschreibt Bartsch seine Tätigkeit. Wird der Konsulatsraum nicht benötigt, dient er der Bank als Besprechungszimmer.

Außer Basketball kann er auch dem Fußball viel abgewinnen: „Genetisch bin ich auf den HSV geprägt", gibt der Fußballfan schmunzelnd zu. Der sei zwar in Bremen ein rotes Tuch – „aber gegen Emotionen kann man rational nicht angehen." Und sein Adrenalin komme nun mal beim HSV in Wallung. Vom Basketball hat er sich nach seiner Göttinger Zeit komplett verabschiedet, denn: „Ein perfektes Team kann man nicht ersetzen", begründet Bartsch.

Die Fenster des weiß getäfelten Büros von Christoph Raithelhuber führen auf die schmale Böttcherstraße. Von draußen dringt durch die geschlossenen Fenster das unharmonische Gedudel eines Straßenmusikanten herein. „Mitten im Zentrum und gleichzeitig leise – das geht halt nicht", sagt der Vorstandssprecher des Bremer Bankhauses Neelmeyer schulterzuckend. Doch dem Hobby-Musiker fällt es nicht leicht, so schlecht gespielte Melodien auszublenden. Seit Jugendtagen spielt der 63-Jährige Trompete: „Gleich in der ersten Woche nach meinem Umzug nach Bremen im vergangenen Jahr fand ich Anschluss an das symphonische Blasorchester ‚Artemosso'."

Bereits mit 15 Jahren stand für Raithelhuber eine Karriere als Direktor einer Bank fest. Damals führte der Karrierepfad über Banklehre und Jurastudium – und diesen Weg schlug der Allgäuer konsequent ein. Nach der Ausbildung bei der Deutschen Bank studierte er in München. „Die Präsenzpflichten waren damals sehr locker", erzählt er. Nur so war es ihm möglich, parallel zum Studium zu arbeiten – in einer Vermögensverwaltung und als Redakteur der Zeitschrift „Der Aktionär". Parallel zur Referendarzeit arbeitete er halbtags in der Rechtsabteilung der Bayerischen Vereinsbank und schrieb für „Capital". Danach stieg er in die Abteilung „Großfirmen und Finanzgeschäfte" ein – „und war im klassischen Investmentbanking angekommen, wo ich hinwollte", beschreibt er. Er hatte mit multinationalen Konzernen zu tun, reiste viel.

Als die Bayerische Vereinsbank 1977 die Schweizer „Etagenbank" Wirtschafts- und Privatbank übernahm, wechselte Raithelhuber nach Zürich, stieg 1985 in die Geschäftsleitung des Instituts auf, das später in Bank von Ernst umbenannt wurde. Das kleine Zürcher Haus wuchs unter seiner Ägide – und die HypoVereinsbank (HVB) konnte es 2003 „mit unerwartet hohem Gewinn" an die Royal Bank of Scotland (RBS) verkaufen. „Als die groß gewordene Bank verkauft wurde, war ein Teil meines Lebens weg", erinnert er sich. „Man musste sich völlig neu erfinden, was beim ersten Mal besonders schwerfällt."

> »Man musste sich völlig neu erfinden, was beim ersten Mal besonders schwerfällt.«

Das Investmentbanking der Bank von Ernst wurde nicht mitverkauft, und so brachte es Raithelhuber als Senior Investmentbanker in die neugegründete Filiale der HVB ein. „Damals hatte ich mich darauf eingestellt, diesen Job bis zur Rente zu machen", sagt er. Doch im Herbst 2008 bot ihm der HVB-Vorstand an, als Vorstandssprecher zur Bremer Traditionsbank Neelmeyer zu gehen. Raithelhuber zögerte „keine Minute" – doch in Zürich war er noch einige Mona-

Gewissenhaft entspannt

Christoph Raithelhuber verabschiedete sich Ende Juni 2013 aus dem Vorstand des Bankhauses Neelmeyer in den wohlverdienten Ruhestand. Er gehört weiterhin dem Aufsichtsrat des Internationalen Bankhauses Bodensee (IBB) an.

te unabkömmlich. Mitten in der Finanzkrise trieb er – gemeinsam mit elf anderen Banken – für Roche 42 Mrd. US-Dollar auf, mit denen der Schweizer Pharmakonzern die US-Biotech-Firma Genentech komplett übernehmen konnte. „In einer solchen Situation kann man nicht den Betreuer wechseln", weiß Raithelhuber.

Bei seinem Start im März 2009 hat er in Bremen „eine sehr gut vernetzte und aufgestellte Bank vorgefunden". Er mag den Bürgersinn der Bremer und genießt es, als Bankvorstand bei Schaffermahlzeit, Eiswette und Tabak-Collegium dabei sein zu können. Gesellschaftliches Engagement zeigt er auch als Mitgründer der „Themen unserer Zeit"-Initiative, mit der er alljährlich ein Seminar-Wochenende organisiert. Und seit Langem nimmt er sich zweimal jährlich die Zeit, um an Orchester-Workshops teilzunehmen.

Vom ersten Moment an eingenommen hatte ihn vor zehn Jahren ein Seminar-Angebot der HVB mit dem Titel „Zen und Management". Seither steht er jeden Morgen eine halbe Stunde früher auf – zur Zen-Meditation.

PERSÖNLICH: HANS-DIETER HOMBERG

Die Qualität immer im Blick

Schon im Flur begegnet dem Besucher der Taunus Sparkasse der selbstkritische Geist des Hauses – in Form von an die Wände gemalten Zitaten zum Thema Geld. Vorstandschef Hans-Dieter Homberg schätzt diese Anregungen zum Nachdenken über seinen Berufsstand und den Rohstoff der Banker.

Der 63-Jährige hält die Wertediskussion über Manager für durchaus nötig. „Mich hat das Elternhaus geprägt mit dem Thema des ehrbaren Kaufmanns, der seine Geschäftspartner auch durch schwierige Phasen begleitet", sagt er. Und will nicht der von Mark Twain beschriebene Banker sein: „Ein Bankier ist ein Mensch, der einen Schirm verleiht, wenn die Sonne scheint, und der ihn sofort zurückhaben will, wenn es zu regnen beginnt."

Durch Hombergs Gedankenwelt zieht sich das Thema „Qualität" wie ein roter Faden. Bis zu seinem altersbedingten Abschied möchte er unter anderem das Projekt „Taunus Sparkasse 2012" erfolgreich abschließen. „Da geht es vor allem um Qualitätsführerschaft", erklärt er. Weil im Rhein-Main-Gebiet die größte Filialdichte Deutschlands herrscht und im Verbreitungsgebiet seiner Sparkasse nicht nur sämtliche Privatbanken, sondern auch zwei weitere Sparkassen vertreten sind, sei ein Verkaufen über den Preis nicht möglich: „Wir müssen uns als regionaler Qualitätsgarant positionieren." Das ehrgeizige Projekt soll das Sahnehäubchen auf Hombergs Weg sein.

Sein Weg führte ihn von einer Ausbildung in der Stadtsparkasse seiner Heimatstadt Düren über mehr als 20 Jahre bei der Kreissparkasse Köln nach Bad Homburg, wo er seit 23 Jahren zu Hause ist. Seit 1999 ist er Vorstandsvorsitzender der Taunus Sparkasse.

Als rheinische Frohnatur liebt er vor allem den täglichen Umgang mit Menschen. „Menschen sind das Salz in der Suppe, und es gibt kaum Motivierenderes als ein ehrliches Feedback." Damit meint Homberg durchaus auch Kritik, denn er mag lebhafte Diskussionen – auch mit seinen Mitarbeitern: „Es ist längst nicht immer meine Meinung, auf die wir uns am Ende des Tages verständigen."

»Menschen sind das Salz in der Suppe.«

Besonderen Wert legt er auf die soziale Verantwortung. Jeder Mitarbeiter der Taunus Sparkasse, der sich ehrenamtlich engagiert, erhält beispielsweise einen zusätzlichen Freizeit-Tag pro Jahr. „Wir sind nicht nur dazu da, um Profite zu machen, sondern Verantwortung für die Region zu übernehmen", ist Hombergs Credo. Dazu gehört, dass er sich seit mehr als 15 Jahren ehrenamtlich engagiert. Er verwaltet die Kassen des Saalburg-Förderkreises und der Kronberg Aca-

Nach 25 Jahren in der Taunus Sparkasse ist Hans-Dieter Homberg am 30.6.2012 in den Ruhestand gegangen und lebt weiterhin im Geschäftsgebiet der Sparkasse.

demy, die das weltbekannte Cello-Festival veranstaltet, der Gesellschaft zur Förderung des Neuen Theaters Höchst und von „Pro Höchst", einer Initiative zur Verschönerung des Frankfurter Stadtteils. Außerdem sitzt er dem Vorstand eines Alters- und Pflegeheims vor. „Im Rind'schen Bürgerstift steckt mein Herzblut", gesteht er – gleich ob es sich um die Einführung der ambulanten Pflege oder die Positionierung als persönliche Betreuungs- und Pflegeeinrichtung handelt. „Dort habe ich miterlebt, wie man mit dem Qualitätsgedanken erfolgreich sein kann."

Für den bekennenden Süß-Fan gehört zum Mittagsespresso ein Stück Qualitätsschokolade – mit Kakaogehalt zwischen 70 und 85 %. Um sich gesund zu halten, treibt er jeden Morgen eine halbe Stunde Sport im Keller. Auch Wanderungen im Taunus sorgen für seine Entspannung. Als „Ungern-Flieger" fährt Homberg dafür umso leidenschaftlicher selbst Auto. Er liest gerne Krimis von Henning Mankell, geht gern ins Kabarett, mag Konzerte – vor allem das Rheingau Musik Festival – und liebt Jazz, der Elemente anderer Länder aufnimmt, beispielsweise Klaus Doldinger in Südamerika.

Die zweitgrößte Sparkasse Deutschlands soll Artur Grzesiek in ruhiges Fahrwasser bringen. Der 55-jährige Vorstandsvorsitzende setzt auf Solidität, Kundennähe, Beharrlichkeit und Kreativität: „Ich will hier meine berufliche Laufbahn beenden – und vorher das Haus noch auf die Erfolgsschiene setzen."

Grzesieks wichtigstes Ziel ist es, dass sich alle Mitarbeiter als „KölnBonner" fühlen, wenn er in zehn Jahren in den Ruhestand geht – und nicht als Kölner oder Bonner. „Die Fusion ist noch nicht verarbeitet, weil in den vergangenen Jahren der Fokus eher auf Brandbekämpfung lag", sagt er.

Viele Baustellen hat Grzesiek geerbt: Beraterverträge mit Politikern, geschlossen vor Jahren, brachten dem Haus negative Schlagzeilen. Die Sparkasse KölnBonn war Eigentümerin eines Golfclubs – auch dieses nicht zum Kerngeschäft eines Finanzinstituts gehörende Engagement erntete harsche Kritik. Inzwischen ist der Club ver-kauft. Dass der „Kölsche Klüngel" ausschließlich als Synonym für illegale Bereicherung einer kleinen Clique zu Lasten anderer gebraucht wird, betrachtet Grzesiek differenzierter. „Gemeinsam für eine Sache arbeiten, um die Stadt voranzubringen, das ist eigentlich nichts Negatives", erklärt er. Als Aufräumer möchte er Werte leben, Ehrlichkeit ausstrahlen, authentisch sein und dadurch Vertrauen bewahren und aufbauen – bei Mitarbeitern und Kunden.

Aus seiner politischen Haltung macht Grzesiek keinen Hehl: „Jeder weiß, dass ich seit meinem 17. Lebensjahr ein rotes Parteibuch habe." Als Sparkassenchef „betreibe ich keine Parteipolitik, sondern Sparkassengeschäft", grenzt er sich ab.

Vom Schreibtisch in seinem lichtdurchfluteten Büro im fünften Stock des Sparkassenhauses am Rudolfplatz hat Grzesiek die beiden Türme des Kölner Doms im Blick. „Ich sehe sie kaum noch, denn alles wird irgendwann zur Normalität – und neben der vielen Arbeit bleibt sowieso kaum Zeit zum Schauen", bedauert er.

»Die BVB-Aktien sehen gut aus und dekorierten den Partykeller.«

Seit November 2008 steht er der Sparkasse KölnBonn vor. Grzesiek ist ein reines Sparkassen-Gewächs: Zuvor leitete der aus einer Handwerker-Familie stammende Bankkaufmann die Sparkassen Duisburg und Castrop-Rauxel, wo er auch seine Ausbildung absolvierte und sich „hocharbeitete". „Und auf einer Azubi-Feier habe ich meine Frau kennengelernt", schwärmt er.

Fachlich war früher Mathematik seine große Liebe. Doch heute sieht sich Grzesiek anders: „Meine Stärke ist die Menschenführung."

GANZ PERSÖNLICH: ARTUR GRZESIEK

Optimist in allen Lagen

Unverändert bekleidet Artur Grzesiek den Posten des Vorstandschefs der Sparkasse Köln-Bonn.

Er lacht gerne und beschreibt sich selbst als „absolut anlageaffin". „Weniger Risiko, mehr Sicherheit" – das gelte für private Anlagen ebenso wie für die Ausrichtung der Sparkasse. Sein schlechtester Wertpapier-Deal war der Kauf der Aktien von Borussia Dortmund. Doch sogar diesem Minus gewinnt Grzesiek Positives ab: „Die BVB-Aktien sehen gut aus und dekorierten den Partykeller."

„Theoretisch bin ich ein guter Fußballer", sagt er schmunzelnd. Manche halten es für opportunistisch, dass er, parallel zu seinen beruflichen Stationen, auch bei den jeweiligen Fußballvereinen – BVB, MSV Duisburg, 1. FC Köln – mit Leidenschaft aktiv war. Doch der Weintrinker genießt die Stadion-Atmosphäre und gewinnt dem gesellschaftlichen Leben rund um den Fußball viel Positives ab.

Jahrelang trainierte er mit seiner Frau Standard- und Lateintanzen. Auf andere Gedanken kommt Grzesiek beim Lesen von Science-Fiction-Romanen – er sammelt Perry-Rhodan-Bücher und auch Briefmarken. Doch die meiste Freizeit widmet der begeisterte Großvater seiner Familie, aber auch die digitale Fotografie hat es ihm angetan. Auf den Auslöser drückt er meist im Urlaub, und insbesondere die digitale Nachbearbeitung der Bilder und Filme fasziniert ihn. „Ich mag Verfremdungs-Effekte, habe in einem Film sogar meinen Beagle sprechen lassen", verrät Grzesiek.

Ich bin durch und durch Genossenschaftsbanker", bekennt Reinhard Schlottbom. Hocherfreut erinnert sich der Vorstandsvorsitzende der PSD Bank Westfalen-Lippe an Telefonate, in denen die Kunden ihn duzten, „weil sie nicht den Banker sehen, sondern den Kollegen auf Gegenseitigkeit".

Bereits sein Vater arbeitete bei einer Genossenschaftsbank. „Schon als Kind bin ich durch die Kasse getobt", erinnert sich Schlottbom. „Sonntags kam der Pastor nach dem Hochamt mit dem Klingelbeutel. Dann mussten meine Brüder und ich die Hosentaschen auf links ziehen und die Kollekte zählen."

Von der Ausbildung bei einer Volksbank über die Leitung einer kleinen Geschäftsstelle führte sein Karriereweg zunächst zu einer Großbank. Diese Station bezeichnet er als „Leidensweg". Also kehrte er ins Genossenschaftslager zurück, übernahm Führungsaufgaben bei der Volksbank Münster, war zuletzt dort Vorstandsassistent. Dann wechselte Schlottbom zur PSD-Bankengruppe und ist seit 2003 Vorstandschef der PSD Bank Westfalen-Lippe.

Aktuell erlebt er einen Rollenwechsel: Weg vom jugendlichen Macher und Treiber und rein in die Rolle des Unternehmenslenkers, der den Mitarbeitern Gelassenheit und Sicherheit vermittelt. „Das liegt wohl am Lebensalter", vermutet der 47-Jährige.

„Das Schlimmste für die Mitarbeiter ist ein unberechenbarer Chef", sagt Schlottbom. Er möchte verlässlich sein, hat sich viel von früheren Chefs abgeschaut, die sich für nichts zu schade waren. Seiner Vorbild-Funktion ist er sich sehr bewusst: „Ich glaube an den Satz ‚Wie der Herr, so 's Gescherr'. Als Führungskraft möchte er seine Mitarbeiter befähigen: „Ein guter Chef macht sich selbst überflüssig."

Mitarbeiter loben sein innovatives Denken. „Querdenken ist wichtig", betont der Bankbetriebswirt und leidenschaftliche Argu-

»Ein guter Chef macht sich selbst überflüssig.«

mentierer. „Gestalten und mit Zahlen umgehen ist mir eine große Freude", bekennt Schlottbom. Nach seinen eigenen Worten hat er ein Gespür für Zahlen: „Ich rieche es, wenn eine Zahl falsch ist."

Statt Management-Weisheiten von sich zu geben, beschreibt Schlottbom seinen Mitarbeitern die Situation. „Es liegt an uns selbst, ob wir in Westfalen-Lippe selbstständig bleiben", ist seine Überzeugung. Und er freut sich, wie stark sich die einstige Postbeamten-Mentalität verflüchtigt hat. „Wir sind nicht die Größten,

PERSÖNLICH: REINHARD SCHLOTTBOM

Ich rieche es, wenn eine Zahl falsch ist

Reinhard Schlottbom ist unverändert Vorstandsvorsitzender der PSD Bank Westfalen-Lippe.

aber gehören zu den besten der PSD-Banken." Und in seinen Augen hat eine kleine Mannschaft einen unschätzbaren Vorteil: Flexibilität.

Münster ist für Schlottbom „der lebenswerteste Ort der Welt". Seine Begeisterung für die Stadt manifestiert sich auch in regelmäßigen Besuchen der Fußballspiele von Preußen Münster. Schlottboms zweite Leidenschaft ist das Motorradfahren. „Das liegt in den Familien-Genen", erklärt er. Schließlich sei bereits sein Vater als Sozius bei der Mutter mitgefahren. Auch die Schlottboms sitzen zusammen auf der BMW-Tourenmaschine – er vorne, seine Ehefrau hinter ihm. Alpenpässe sind ihr bevorzugtes Ziel – allen voran das Stilfserjoch. Aber auch die Route 66 und den Highway Nr. 1 ist Schlottbom bereits entlanggefahren. Und im Sommer bewegt er sich zu Wasser fort: Er segelt auf der Ostsee.

Auf längeren Autofahrten lässt er sich Hörbücher vorlesen. „Musikalisch fahre ich die klassische Schiene", sagt der Liebhaber von Bach, der gerne Requiems, Messen und Opern hört. Sollte er eines Tages viel Zeit haben, will Schlottbom einen Vorsatz verwirklichen: „Dann nehme ich Klavierunterricht."

GANZ PERSÖNLICH: ULRIKE BADURA

Keep it plain and simple

Beruflich hat sich nichts verändert seit Erscheinen des Porträts im BANKMAGAZIN bei Ulrike Badura.

Am Kirchentag 2009 hatte Ulrike Badura Standdienst. Das Vorstandsmitglied der KD-Bank erklärte geduldig jedem Vorbeikommenden das Bank-Grundprinzip Nachhaltigkeit – passend zum Kirchentagsmotto. Ihre spontane Art kam nicht nur beim Kontakt mit Kunden und Interessenten auf dem Kirchentag gut an. Sich selbst beschreibt sie als „sehr direkt, nicht diplomatisch oder taktisch" – und damit sei sie bisher immer gut gefahren.

Dass sie eine der wenigen Frauen in einem deutschen Bankvorstand ist, führt Badura auf ihre Schulzeit zurück. In dem Mädchengymnasium in Moers „war es ganz normal, dass Mädchen und Frauen alle Posten besetzten, ob Schülersprecherin, wie ich es selbst war, oder Direktorin." Seither seien weibliche Führungskräfte für sie eine Selbstverständlichkeit.

Als Studentin war ihr Berufsziel, bei der Europäischen Union zu arbeiten. Doch nach einem Praktikum bei der Stadt stand fest: In einer Behörde liegt ihre berufliche Zukunft nicht. Badura studierte Geschichte und Soziologie und als Doppelstudium die damals als Nationalökonomie bezeichnete Volkswirtschaftslehre. Anschließend wollte sie zur evangelischen Akademie. Deswegen wandte sie

sich an einen Bankvorstand, der ihr den Eintritt erleichtern sollte. „Stattdessen erhielt ich ein Job-Angebot als Vorstandsassistentin", erinnert sich Badura. Es folgte eine Ausbildung zur Diplom-Bankbetriebswirtin (ADG). „Es gibt keinen Bereich, für den ich nicht zuständig war in meiner Banker-Laufbahn", sagt sie heute zufrieden. Im vierköpfigen Vorstand der KD-Bank verantwortet sie die Bereiche Rechnungswesen/Controlling, Zahlungsverkehr, Organisation, Vertriebsunterstützung und Marktfolge.

Baduras Motto lautet: „Keep it plain and simple." Das sorgte auch mit dafür, dass es in der Bilanz der KD-Bank keine strukturierten Produkte gibt, denn „die habe ich nicht verstanden", gibt Badura zu. Sie sei bekannt dafür, dass sie nichts unterschreibe, was sie nicht komplett durchgelesen habe. Das sei kein Zeichen des Misstrauens: Von ihr Geschriebenes gibt sie anderen zum Drüberschauen.

„Wir sind eine Genossenschaftsbank nach Idealmodell", erklärt die 55-Jährige. Weil keine Finanzierung für einen Kindergarten zu finden war, hatte Pfarrer Martin Niemöller 1927 im Zeichen der nahenden Weltwirtschaftskrise das Vorgängerinstitut gegründet. Selbsthilfe in der Diakonie ist einer der Aufträge der Bank ebenso wie das Leben christlicher Werte. Dazu gehört nicht nur die ethische Geldanlage, sondern auch die Kreditvergabe für nachhaltige Projekte. Badura lebt christliche Werte nicht nur im Beruf. Viele Jahre war sie Presbyterin im Vorstand ihrer Kirchengemeinde, ist in mehreren Finanzausschüssen von diakonischen Einrichtungen tätig.

Langeweile gibt es in ihrem Leben nicht. „Wenn mal die Energie fehlt, dann brauche ich einfach Schlaf", weiß sie. Unter den Mitarbeitern heißt es: „Wenn sie sich langweilt, geht sie in die Abteilungen." Dort bringt Badura sich aber nicht nur über Alltagsprobleme auf den aktuellen Stand. Bankbekannt ist auch, dass sie Mitarbeiter mit einem Gummibärchen-Vorrat häufiger besucht.

»Es gibt keinen Bereich, für den ich nicht zuständig war.«

Schon als Kind war sie eine Leseratte. Irgendwann fing sie in der Stadtbücherei beim Buchstaben A an. „Bis Z habe ich es aber nie geschafft", gibt sie schmunzelnd zu und freut sich, auf diese Weise beeindruckende Bücher für sich entdeckt zu haben. Heute liest Badura bei jeder Bank-Weihnachtsfeier eine humorvolle Weihnachtsgeschichte vor, und „die erste Urlaubswoche geht fürs Lesen drauf", erzählt sie. Statt Sport schätzt sie Gartenarbeit – „Buddeln mit Ganzkörper-Einsatz", wie sie es nennt.

Lernender Meister

„D ie Situation ist mein Coach, ich lerne mit allen neuen Herausforderungen", sagt Joachim Häger, seit Juni 2007 Vorsitzender der Geschäftsleitung des Private Wealth Managements (PWM) Deutschland der Deutschen Bank. „PWM, die Deutsche Bank und meine Kollegen im Management Committee Deutschland sind wie ein mentales Fitness-Center", erklärt der 45-Jährige, der sich als „lernenden Meister" bezeichnet.

Der jugendlich wirkende, schlanke, hochgewachsene Blonde sagt über sich: „Mir geht es nicht um das Ausspielen von Macht." Er liebe es, Dinge zu gestalten und weiterzuentwickeln, eigene Grenzen auszudehnen und andere zu motivieren. „Eine Führungskraft ist immer im Spannungsverhältnis zwischen Fordern und Fördern", weiß er.

Er beschreibt sich als „strukturierten Verhandler", als „analytisch denkenden Menschen ohne Hang zur Zahlenverliebtheit". Und erinnert sich an ein früheres Zeugnis mit dem Kommentar „gute Rhetorik und schnelle Auffassungsgabe", was wichtige Voraussetzungen für ein Kundengeschäft in einer global agierenden Bank seien.

Häger schätzt Kontinuität und ist selbst fast erstaunt darüber, wie lange er bereits bei der Deutschen Bank arbeitet. Nach seiner Ausbildung zum Bankkaufmann studierte er Betriebswirtschaft – und wollte nicht wieder zu einem Geldhaus. Doch das Jobangebot als Assistent des Chefvolkswirts Norbert Walter lockte ihn 1991 zur Deutschen Bank – bei der er seither arbeitet. Er übernahm im Geschäftsbereich Global Banking die Betreuung von mittelständischen Firmenkunden, die Weiterentwicklung und Steuerung des Geschäfts mit Firmenkunden in Osteuropa und Österreich und den Ausbau des Geschäfts mit vermögenden Kunden im Private Banking. Zwischen 2002 und 2005 hatte er „das Privileg, den Aufbau des

> »Ich muss verstehen, wo die innersten Ängste unserer Kunden sitzen.«

Private Wealth Managements der Bank in Deutschland mitgestalten zu dürfen". In der sich anschließenden globalen Verantwortung hat Häger Fusionsprojekte wie die Übernahme des britischen Vermögensverwalters Tilney geleitet.

„Als Seiteneinsteiger bin ich trotz Kapitalmarktstudium nicht der passionierte Wertpapierberater", gibt Häger zu, „aber mich fasziniert, welche Möglichkeiten wir als globales Haus unseren Kunden im Wealth Management bieten können." Und: „Wir haben es bei unseren Kunden mit sehr außergewöhnlichen Menschen zu tun."

Nach eigenen Worten ist Häger ein guter Zuhörer. „Das muss ich

Zwar hat sich seine Stellenbezeichnung verändert, doch ist Joachim Häger unverändert für das Private Wealth Management der Deutschen Bank in Deutschland zuständig.

auch sein, denn ich muss verstehen, wo die innersten Ängste unserer Kunden sitzen, welche Risiken sie bereit sind einzugehen und welche eben nicht." Auf seinem Schreibtisch gibt es keine Papierstapel, denn „man muss stets darauf achten, fokussiert zu sein. Das beginnt eben im eigenen Büro – man darf sich nicht verzetteln." Da er nicht alles gleichzeitig abspeichern könne, „schreibe ich viel auf und habe dann die Notizen zur Hand, wenn es darauf ankommt". Bei Meetings scherzt er: „Sieht aus, als wäre ich der Schriftführer."

Privat lebt Häger die gleiche Kontinuität wie beruflich. Der Vater zweier Töchter ist seit 25 Jahren mit seiner Frau, einer Ärztin, liiert. Sein Vater war Chemiker und kaufmännischer Leiter eines Farben- und Lackeherstellers in Wuppertal. „Von ihm habe ich die Liebe für die Übernahme von Verantwortung mitbekommen", meint er. Auch im Online-Lexikon Wikipedia findet man den begeisterten Netzwerker Häger – als alten Herrn der katholischen, farbentragenden, nichtschlagenden Studentenverbindung Churtrier.

In seiner Freizeit sucht der Ausdauersportler den Ausgleich: Er joggt in den Wäldern des Taunus, wo man ihm auch auf seinem Mountainbike begegnet, und ist begeisterter Skifahrer. Wenn am Wochenende kein Termin ansteht, trainiert Häger 2 Stunden Tennis – während die Töchter am Nebenplatz Bälle übers Netz spielen.

Beim großen Düsseldorf-Marathon starteten Anfang Mai 14 Staffeln im NRW.BANK-T-Shirt. Einer der Läufer war Dietmar P. Binkowska, seit September 2008 Vorstandsvorsitzender des Kreditinstituts. Begeistert erzählt er von dem gemeinschaftlichen Erlebnis – „Jeder unserer Läufer hat der Bank ein Gesicht gegeben" – und er freut sich, dass alle Teams die Strecke geschafft haben.

Als „absoluten Teamplayer" beschreibt sich Binkowska selbst. Für den 47-Jährigen sind Kommunikation und Vorleben enorm wichtig: „Alle Mitarbeiter sollen offen sprechen können."

Hat er ein klares Ziel vor Augen, versucht er das auch möglichst direkt zu erreichen. Privat ist sein großes Vorbild sein Vater, der Arbeiter in einem Stahlwerk war. Auch Dietmar Binkowska hat als junger Mann mehrere Sommerferien in dem Stahlwerk gearbeitet und sich so das Geld für sein erstes Moped verdient. „Mein Vater hat seine Familie in schwierigen Zeiten gut ernährt und uns Kindern eine gute Ausbildung ermöglicht", sagt er und freut sich, dass es auch seiner Familie gut geht. Der Familienmensch Binkowska schätzt die kleinen Glücksmomente, etwa, „als ich mit meinem kleinen Sohn ein Aquarium kaufte und der vor Freude hüpfte".

„Ich bin keiner, der stundenlang alleine am Schreibtisch hocken kann", sagt der gebürtige Wuppertaler; er brauche Interaktion. Wenn er heute nochmal studieren müsste, würde er allerdings wieder Betriebswirtschaftslehre wählen: „Ich habe eine große Affinität zu Zahlen." Hätte er seine jetzige Position nicht, wäre er ein begeisterter Vertriebsmitarbeiter in einer Bank.

Glück im Beruf ist für ihn, zur rechten Zeit am rechten Ort zu sein. „Meine Karriere war nicht geplant", sagt Binkowska. Beim Bankgeschäft sei es keine Liebe auf den ersten Blick gewesen. Während des BWL-Studiums in Wuppertal und Köln absolvierte er

»Ich bin kein Zielkunde der Anlagenseite.«

Praktika in einer Firma für Sicherheitstechnik, bei einem Steuerberater und einer Unternehmensberatung. Die Diplomarbeit zu einem Banken-Thema – in Kooperation mit der Deutschen Bank – brachte ihm ein Jobangebot als Trainee.

Damals war sein Ziel, „eine tolle Aufgabe an der Düsseldorfer Börse zu erhalten". „Ich war enorm wertpapieraffin", sagt Binkowska – und gibt zu, heute privat nicht mehr an der Börse engagiert zu sein. „Ich bin kein Zielkunde der Anlagenseite", erklärt er schmunzelnd.

PERSÖNLICH: DIETMAR P. BINKOWSKA

Vorbild mit Ausdauer

Unverändert ist Dietmar P. Binkowska Vorstandschef der NRW.Bank.

Von der Deutschen Bank wechselte er 1995 in die Geschäftsleitung des Privatbankhauses Schliep, brachte es zum persönlich haftenden Gesellschafter und stieg schließlich in die Geschäftsleitung der Mutter, der Bayerischen Vereinsbank, auf. 2002 ging Binkowska zur Commerzbank und war dort zuständig für das weltweite Private-Banking-Geschäft, bevor er 2003 in das Vorstandsbüro der Stadtsparkasse Köln-Bonn einzog.

Den Medienstandort Nordrhein-Westfalen nach vorne zu treiben ist ein erklärtes Ziel der Landespolitik, die NRW.BANK trägt mit ihrer Filmförderung dazu bei. Binkowska sieht das Thema Kino aber eher wirtschaftlich und ist kein regelmäßiger Kinogänger – „und wenn, dann meist zusammen mit den Kindern". Er freut sich über erfolgreiche Engagements, etwa den Kinofilm „Hilde" mit Heike Makatsch als Hildegard Knef, der die Zuschauer begeisterte.

Seine Freizeit verbringt er gerne mit der Familie, außerdem joggt Binkowska mehrmals in der Woche 10 Kilometer und kickt gelegentlich mit alten Freunden auf den Rheinwiesen Fußball. Doch seine Leidenschaft gehört dem Rennsport. Seine Lieblingsrennstrecke? Natürlich: der heimatnahe Nürburgring in der Eifel.

„Was du tust, das tue recht – lieber nicht als halb und schlecht." Diese Weisheit seines Großvaters hat Dr. Detlev Dietz, Bereichsvorstand Privat- und Geschäftskunden der Commerzbank, sein Leben lang geleitet. „Das Ergebnis ist entscheidend" – so lautet denn auch ein Leitspruch des 50-Jährigen. „Dabei ist mir egal, ob man rechts- oder linksherum geht, um es zu erreichen", sagt er – und schränkt ein: „Natürlich unter Einhaltung von Zeit- und Budgetvorgaben." Seiner Ansicht nach sollten Führungskräfte mehr tun als nur strategische Ziele vorzugeben. Genauso wichtig sei, die Mitarbeiter mental mitzunehmen. Gerade in schwierigen Zeiten gelte es, die eigenen Ansprüche vorzuleben. Dazu gehöre auch, bereits kleine Erfolge anzuerkennen und Danke zu sagen. „Keiner von uns ist so wichtig, dass er über den Dingen steht."

Als herausfordernd für einen guten Manager empfindet er die Balance zwischen Fordern und Zuhören – und das Authentisch-Sein. „Ich verbiege mich nicht." Er werde seine Meinung nie aus Opportunität zurückhalten – auch wenn es für die Karriere einmal nicht förderlich sein sollte. Und im Laufe der Zeit zahlt sich oft aus, eine eigene Meinung vertreten zu haben. Er selbst könne keine Leistung abrufen, wenn es ihm keinen Spaß mache. „In dem Moment, wenn ich nicht mehr lachen kann, werde ich etwas ändern", behauptet er forsch.

Das Bankgeschäft wurde dem glücklich verheirateten Vater von 2 Kindern nicht in die Wiege gelegt. Sein Vater war Biologe – und als Schüler wollte Dietz Paläontologe werden. Stattdessen absolvierte er eine Ausbildung zum Bankkaufmann bei der Kreissparkasse Tübingen. Anschließend studierte er Jura und promovierte über das Bankkonzernrecht im Kreditwesengesetz.

Dass ihn sein erster Job dann nicht zu einer Bank führte, erscheint wie ein Bruch im Lebenslauf, ist aber dem Zufall und dem Spaßprinzip geschuldet. Denn die hochkomplexen Transaktionen im Kom-

> „In dem Moment, wenn ich nicht mehr lachen kann, werde ich etwas ändern."

pensationshandel der Metallgesellschaft reizten ihn. Ab 1994 baute er das internationale Geschäft der ECE Projektmanagement auf. Bis dahin war das Immobilienunternehmen nur in Deutschland aktiv.

Im Jahr 2003 wechselte er zur Commerz Grundbesitz-Investmentgesellschaft. Das schien durchaus riskant, denn zu dem Zeitpunkt stand die Commerzbank nicht besonders gut da. Doch die Tätigkeit für die damals größte Immobilienfondsgesellschaft der Bundesrepublik und gleichzeitig einen der größten Immobilien-

GANZ PERSÖNLICH: DR. DETLEV DIETZ

Keiner steht über den Dingen

Detlev Dietz verließ die Bankenbranche und ist seit Oktober 2011 Inhaber der auf Unternehmensnachfolge spezialisierten WUB Wiesbadener-Unternehmer-Beratung.

Asset-Manager Europas lockte ihn. Knapp 3 Jahre später wurde er zum Chief Operating Officer (COO) für das Segment Privatkunden der Commerzbank ernannt, im März 2008 übernahm er den Vorstandsposten für den Bereich Privat- und Geschäftskunden.

Wie um seine eigenen Windungen im Lebenslauf zu erklären, sagt Dietz: „Ich habe etwas gegen eingleisige Karrieren und Typen. Sie können oft nicht über den Tellerrand schauen und auch einmal die eigenen Perspektiven ändern."

Als intellektuelle Übung würde Dietz gerne mit Papst Benedikt über Gott und die Welt diskutieren. Außerdem kann sich der 50-Jährige nur schwer ein Wochenende vorstellen, an dem er nicht 20 Kilometer durch den Taunus joggt.

Sein größtes Hobby ist jedoch die Arbeit mit Holz in seiner eigenen Werkstatt: Sägen und Schleifen lassen Kisten ebenso entstehen wie Weinflaschen-Verschlüsse. Und einer der größten Schätze lagert im Keller: Moseltrester und Kirschwasser altern in großen Akazien- und Eichenholzfässern. Für den Schnaps hat er im Freundeskreis beim Einfüllen Genussscheine ausgegeben. Inzwischen sind die Wässerchen dunkelgoldgelb – und eine edle Rarität.

GANZ PERSÖNLICH: VOLKER LÖSER

Völkerverbindende Plaudertasche

Volker Löser ging drei Monate vor seinem 60. Geburtstag geplant Ende 2009 in den Ruhestand. Bis 2015 sitzt er noch im Aufsichtsrat der OnVista AG (Holding der OnVista Media GmbH und OnVista Bank GmbH).

Wer bei der Misr Bank arbeitet, muss auf Überraschungen gefasst sein. Volker Löser, der seit 2000 die Misr Bank Europe leitet, nimmt es mit Humor und ließ sich auch von der Bundesbank nicht aus der Ruhe bringen, als diese eine Konzernmeldung anforderte. In der Frankfurter Niederlassung arbeiten 18 Mitarbeiter und zwei Geschäftsführer und es gibt keine Tochterunternehmen. Die Nachfrage ergab, dass den Zentralbänkern Unternehmen mit ähnlichem Namen aufgefallen waren. Etwa das Misr Travel Reisebüro. Nur ist Misr das arabische Wort für Ägypten. „Das wäre vergleichbar, als müssten die Deutsche Bank, die Deutsche Bahn und die Deutsche Post gemeinsam bilanzieren", schmunzelt Löser.

Gesellschafter der Misr Bank-Europe sind fünf der größten Banken Ägyptens. Sie haben das gemeinsame Institut 1992 gegründet, da jede Bank alleine zu klein für eine erfolgreiche Geschäftstätigkeit außerhalb des Landes war. Geschäftsschwerpunkt ist die Abwicklung des mitteleuropäisch-ägyptischen Handels.

„Ich will nicht mehr in einer Großbank arbeiten", bekennt Löser. „Lieber bin ich Kommandant eines Schnellbootes als 3. Offizier auf einem Flugzeugträger." Als Nachteil sieht er, dass er „seine eigene Stabsabteilung" sein muss. „Wenn ich will, kann ich außergewöhnlich diplomatisch sein", sagt er – und setzt locker nach: „50 % meines Gehalts ist für meine Leistung, die anderen 50 % sind Schmerzensgeld." Denn im Orient habe man als Ausländer zwar einen gewissen Bonus und es werde vieles nachgesehen, „aber man gehört halt nie ganz dazu". So müssen Löser und sein Team täglich kulturelle Übersetzungsarbeit leisten, damit die Zusammenarbeit über die Ländergrenzen hinweg funktioniert.

Kulturelle Unterschiede kennt Löser bereits von seinem ehemaligen Arbeitgeber, der National Bank of Detroit, die später zur Bank One wurde. Nach über 20 Jahren dort war der Wechsel zur Misr

Bank eine echte Herausforderung. Als die erste Anfrage kam, amüsierte sich Löser köstlich bei der Idee, sich vorzustellen mit „Guten Tag, ich arbeite bei ‚mieser' Bank".

„Ich habe nie weiter als bis zum nächsten Karriereschritt gedacht", erzählt der 59-Jährige. Er sei „ganz natürlich in Führungspositionen hineingewachsen". Er selbst bezeichnet sich schelmisch als „Plaudertasche" und als jemanden, der „endlose Büro-Anwesenheit hasst". Augenzwinkernd bekennt er: „Als Chef bin ich eigentlich zu weich." Umso mehr freue es ihn, dass sein Team prima funktioniert. Als Führungskraft habe man die Verantwortung, Unglück, gleich

> »Lieber Kommandant eines Schnellbootes als 3. Offizier auf einem Flugzeugträger.«

welcher Art, von den Mitarbeitern abzuwenden, egal ob es vom Markt oder von weiter oben in der Hierarchie komme, unterstreicht Löser seine soziale Einstellung: „Das Unternehmerische muss menschlich erreicht werden."

„Ich bin stolz darauf, meinen Laden am Laufen zu halten, ohne zwölf Stunden täglich anwesend zu sein", bekennt er. Die entscheidende Frage sei, ob das Detail wichtig ist oder die große Aussage. Bei letzterem ist nach Lösers Meinung eine Stunde nachdenken und fünf Minuten schreiben wichtiger als fünf Stunden „wühlen".

Etwas mit Menschen gemeinsam zu bewegen macht ihn glücklich. Und auch bei seiner Sammlung bayerisch-böhmischer Schnupftabakgläser geht ihm das Herz auf. Fit hält sich der ehrenamtliche Sozial- und Arbeitsrichter mit Schwimmen und Radfahren.

Die Aussichten: beständig

2010 nahm sich Bortz ein Sabbatical von einem Jahr und ist inzwischen Leiter Geschäftskunden Deutschland der Deutschen Bank.

„Neuen beruflichen Herausforderungen habe ich mich immer gestellt", sagt Oliver Bortz. Für jeden Schritt seines wechselhaften Werdegangs hat sich der Vorstandsvorsitzende der Berliner Bank gerne entschieden. Doch nun möchte er auch mal die Früchte seiner Arbeit genießen, länger in Berlin bleiben und „das Projekt komplett durchziehen".

Sein Weg begann bei der Deutschen Bank in Hamburg, führte ihn als Investmentbanker nach New York und London sowie in die Zentrale nach Frankfurt. Zurück in Norddeutschland, leitete er die Geschäfte der Region Ostsee-Lübeck. Nachdem er Leiter des Projektteams zur Integration der Berliner Bank in die Deutsche Bank-Gruppe war, wurde er Anfang 2007 Vorstandschef der damals von der Landesbank Berlin übernommenen Berliner Bank.

Während seines ersten Jahres dort hat Bortz seinen Mitarbeitern intensiv zugehört, ihnen seine Vision erläutert und ein klares Leitbild gesetzt. Parallel ließ er die Unternehmenskultur der „alten" Berliner Bank analysieren. „Es liegen Welten zwischen der Landesbanken-Vergangenheit und unserer jetzigen Berliner Bank." Mitarbeiter loben seine direkte Art und den frischen Wind, den er in die Bank trug. In der gesamten Vorstandsetage haben nun alle Büros gläserne Türen. „Eine offene Gesellschaft kann man nicht verordnen, man muss sie vorleben", sagt Bortz. Vorher sei es sehr hierarchisch zugegangen. Nun wundern sich Mitarbeiter über Überraschungsbesuche des obersten Chefs in ihren Büros. Der Begriff „Kurs 2011" steht inmitten eines Bootssteuerrades an der Wand seines Büros, und „Gemeinsam für eine starke Berliner Bank".

Er liebe es, Führung zu übernehmen, unternehmerisch tätig zu sein und die Bank zu positionieren. „15 Bälle gleichzeitig in der Luft zu halten und immer den wichtigsten Ball oben zu haben", das begeistert ihn. Doch die Dinge gehen ihm oft nicht schnell genug. An seiner Position fasziniert ihn die Gestaltungsmöglichkeit. „Als CEO kann ich unmittelbar steuern und Einfluss nehmen, etwa für eine stärkere Verzahnung der Bank mit den jungen Wachstumsbranchen der Stadt wie der Kreativwirtschaft", beschreibt Bortz.

Von all seinen Stationen hat er etwas mitgenommen. In New York sei zum Beispiel das Tempo viel höher. Aus der Nähe hat Bortz erlebt, wie am 11. September 2001 das zweite Flugzeug in das World Trade Center einschlug. Seither hat sich vieles für ihn relativiert: Nach dieser existenziellen Erfahrung kann sich der 42-Jährige klarer für oder gegen Dinge entscheiden.

Seine Affinität zu Nordamerika lebt Bortz vor allem beim Reisen – und freut sich, dass seine Kinder auch im Teenageralter noch darauf bestehen, mit den Eltern Urlaub zu machen. Sein Musikge-

> »Eine offene Gesellschaft kann man nicht verordnen, man muss sie vorleben.«

schmack ist nicht weit entfernt von dem seiner Kinder: Bortz mag Rock – und Marius Müller-Westernhagen: „Es können gerne ab und zu ein paar Beats mehr sein." Im beruflichen Alltag plädiert er für Humor: „Mit guter Laune kann man schwierige Situationen besser meistern." Oliver Bortz fährt gerne Fahrrad, manchmal sogar zur Arbeit. Fit hält er sich durch Training und Spaziergänge mit dem neuesten Familienmitglied, einem Border-Collie. Er genießt es, mit Familie, Freunden und auch den Kollegen essen zu gehen: „Es muss nicht immer fein sein, auch eine Currywurst hat was." Doch über Fisch gehe nicht viel, sagt der Norddeutsche und Fan des Hamburger SV, der irgendwann in seine Heimat zurückkehren will.

Menschliches Banking in der Haspa-Familie

Dr. Harald Vogelsang ist nach wie vor Vorstandsvorsitzender der Hamburger Sparkasse Haspa.

Zur Geburt bekam Harald Vogelsang von seiner Großmutter ein Haspa-Sparbuch geschenkt. Dass daraus mehr als eine lebenslange Kundenbeziehung werden sollte, ahnte niemand. Seit 2007 wirkt Vogelsang als Vorstandssprecher der HASPA Finanzholding und der Hamburger Sparkasse. Er empfindet es „als großes Glück, am Gesamtkunstwerk Haspa gestaltend mitwirken zu dürfen."

Wenn er nicht Vorstand wäre, würde Vogelsang als Lieblingsarbeitsplatz das Willkommensterminal in der Filiale wählen, „dort, wo wirklich jeder Kunde vorbeikommt." Er sei gerne mit Menschen zusammen und schätze das „Management im Markt" – ein Programm, das sich die Haspa vor 7 Jahren von Lufthansa und Wal-Mart abgeschaut hat. Es beinhaltet, dass die Top-Führungskräfte jedes Jahr einige Tage in den Filialen mitarbeiten. „Da bekommt man ein viel besseres Gespür dafür, wer unsere Kunden sind und wo vor Ort der Schuh drückt – seien es zu komplizierte Formulare oder

> „Besonders wenn Mitarbeiter sagen, ‚wir haben aufgegeben', dann muss man es ändern."

umständliche Verfahrensabläufe", erzählt Vogelsang. „Besonders wenn Mitarbeiter – darauf angesprochen – sagen, wir haben aufgegeben', dann muss man es ändern." Der 50-Jährige bekennt: „Ich bin ungeduldig und nicht der Typ, den man lange hinterm Schreibtisch einsperren kann." Am liebsten besuche er gemeinsam mit seinen Mitarbeitern Kunden oder akquiriere neue Kunden.

Langfristiges Vertrauen der Kunden geht für Vogelsang kurzfristigem Ertragsdenken vor, lebenslange Aus- und Weiterbildung aller Mitarbeiter und der Zusammenhalt der Haspa-Familie sind ihm wichtig. Und in Momenten, in denen schnelle Hilfe nötig ist, nicht lange nach Zuständigkeiten zu fragen, sondern selbst anzupacken. Sein Ziel ist es, Freude zu bereiten und die erfolgreiche Geschichte der Haspa mit allen Kollegen weiterzuschreiben.

Nach einer Lehre bei der Commerzbank und Jurastudium an der Universität Hamburg sowie einer Station in London trat Vogelsang 1991 als Verantwortlicher für geschäftspolitische Grundsatzthemen bei der Haspa an. Anschließend übernahm der Hanseat die Leitung der Vertriebsregion Süd. Im Jahr 2000 wurde er als Privatkundenvorstand berufen, und seit Februar 2007 ist er Vorstandssprecher.

Vogelsang plädiert für das Fördern scheinbar verrückter Ideen. Die Idee der Haspa-Mehrwertkonten beispielsweise, oder die Einführung des Slogans „Menschliches Banking" auf dem Höhepunkt des Internet-Hypes. Mit beidem nimmt die Haspa heute eine Vorreiterrolle in der Branche ein, auch wenn „damals etliche Berater meinten, die Haspa hätte den Schuss nicht gehört."

Immer wieder erzählt er von der Familie – sei es von der Haspa-Familie oder der eigenen, für die er sich mehr Zeit wünscht. So blieb als Ferienabschluss für die Kinder schon mal nur das Zelten im eigenen Garten. Die zwei Wochen Skiurlaub im Jahr sind Vogelsang daher umso wertvoller. Zeit hätte er auch gerne, um den Briefwechsel zwischen Friedrich dem Großen und Voltaire zu Ende zu lesen.

Seine Mitarbeiter loben, dass er auch in den stressigsten Situationen ruhig bleibe. Doch Vogelsang bekennt, dass seine Assistentinnen manchmal an seiner Terminplanung verzweifeln. Zeitmanagement-Seminare hätten nur vorübergehenden Erfolg gebracht: „Ich versuche immer, zu viel in einen Tag hineinzupacken."

Nur wer die Welt anpackt, wird sie gestalten. Aus dem Mund von Günter Preuß klingt das nicht wie eine hochtrabende Weisheit. Eher versucht der Sprecher des Vorstands der Deutschen Apotheker- und Ärztebank, kurz apoBank, damit seinen eigenen Schaffensdrang zu erklären.

Nur auf Einzelkunden will er das genossenschaftliche Institut nicht beschränkt sehen. „Wir sind die Bank im Gesundheitswesen", sagt er. Heute arbeite die apoBank neben Vertretern aller akademischer Heilberufe auch mit modernen Versorgungsstrukturen zusammen; sie begleite Mediziner von der Studienfinanzierung über die Angestellten-Phase und die Existenzgründung bis zur Altersvorsorge, gebe aber auch Unterstützung bei komplexen Fragestellungen. Das sei ein zukunftssicheres Geschäftsmodell, auf dem die Bank sicher stehe und das sich sicher trage, sagt der Verfechter von Qualität und Zuverlässigkeit.

Nach der Banklehre bei der Bayerischen Staatsbank, die mit der Bayerischen Vereinsbank fusionierte, arbeitete er in allen Bereichen des Bankgeschäfts und in verschiedenen Stabsfunktionen. 1993 wurde er Mitglied der Geschäftsleitung des Privatkundengeschäfts der Bayerischen Vereinsbank. 1995 erfolgte seine Berufung in den Vorstand der apoBank. Seit 2004 ist er Sprecher des Vorstands.

Stolz ist Preuß, in der apoBank schon sehr früh eine Wertediskussion angestoßen zu haben. Achtsamer, respektvoller Umgang miteinander – so lautet sein Credo. „Wenn wir nicht umdenken und uns wieder tradierter Werte besinnen, wird unsere Gesellschaft unter die Räder kommen", ist er überzeugt.

Seine Rolle als Führungskraft vergleicht er mit einem Dirigenten: „Es gilt, alle auf die gleichen Noten und denselben Takt einzuschwören. Spielt nur einer falsch, ist das ganze Orchester unten durch. Alle müssen mitmachen, sonst nützt auch der beste Dirigent nichts." Er pflegt auch das „management by wandering around": Filialen besuchen, einfach durchs Haus gehen, Mitarbeiter anspre-

> „Alle müssen mitmachen, sonst nützt auch der beste Dirigent nichts."

chen, sich Zeit nehmen für ihre Fragen. Besonders bewundert ein enger Mitarbeiter: „Er hat die seltene Gabe, frei vortragen zu können und Menschen zu begeistern." Eine regelrechte Folter wäre es für ihn, stillsitzen und nichts tun zu müssen, weil Preuß einfach „nicht nichts tun kann". So ist es nur logisch, dass er seinen Ruhestand aktiv vorbereitet. Immerhin wird er im Februar 2009 64 Jahre alt. Seine Zukunft will er nicht mit Beratertätigkeiten oder Aufsichtsratspos-

PERSÖNLICH: GÜNTER PREUSS

Einfach, aber gut

Günter Preuß ist zum 1. Juli 2009 in den Ruhestand getreten. 2010 hat der Aufsichtsrat der apoBank Klage gegen die im Jahr 2007 amtierenden Vorstandsmitglieder, darunter auch Günter Preuß, eingereicht, um mögliche Schadensersatzansprüche in Höhe von 66 Mio. Euro im Zusammenhang mit dem Kauf von strukturierten Wertpapieren geltend zu machen. Das anhängige Gerichtsverfahren läuft noch.

ten verbringen. Der nächste Lebensabschnitt soll neue Herausforderungen bringen, etwa eine kulturelle Begegnungsstätte, die auf dem elterlichen Anwesen seiner Frau in der Oberpfalz geplant ist. Lesungen und Konzerte zu organisieren, das schwebt dem Ehepaar vor. Neben dem offenen Kamin wird in der restaurierten historischen Scheune eine Regalwand mit all seinen bisher ungelesenen Büchern stehen. In der Scheune hat Preuß sich bereits ein Atelier eingerichtet. Er dachte immer, künstlerisch völlig untalentiert zu sein. Gegenständlich zeichnen kann er nicht. Aber es gelingt ihm, Gefühle in Farben oder Formen umzusetzen. Sein Büro hat er mit eigenen Werken ausgestattet: hinter dem Schreibtisch ein Acryl-Triptychon, in der Ecke die Steinskulptur „The modern man thinks digitally". Seit zwei Jahren gehört zur Scheune auch eine Schnapsbrennerei. Die Beschaffung der Brennlizenz war eine Odyssee. Doch nun darf Preuß Hochprozentiges herstellen. Höchste Qualität ist sein Ziel – auch hier kommt sein Lebensmotto „Einfach, aber gut" durch.

Nachhaltiges Wachstum wolle er in seinem Alter noch einmal erleben, sagt Ernst-Dieter Kircher. Das war sein Wunsch, als er sich bei der chinesischen Bank of Communications bewarb. Dass er als „Oldie" eingestellt würde, hat der 58-Jährige eigentlich nicht geglaubt. Aber: „Sie haben den ältesten Bewerber genommen – Chinesen schätzen die Erfahrung." Seit Oktober 2007 ist Kircher nun einer der Geschäftsleiter der deutschen Niederlassung.

Schon immer dachte Kircher global, wie man an seinem beruflichen Werdegang sieht. Seine früheren Arbeitgeber waren – nach seiner Ausbildung bei der Commerzbank und einer Station bei der Metallbank – ausländische Geldhäuser: aus Russland, Schweden und Korea. „Da haben die Chinesen noch gefehlt", sagt er schmunzelnd. Er ist fasziniert von der chinesischen Kultur: Konfuzius, Taoismus und „der Wert Harmonie". „Mir gefällt die Entwicklung, die China seit Deng Xiaoping genommen hat", bekennt er. Mit seinen Bankkollegen lernt er nun die chinesische Sprache – und hat vor, demnächst Unterricht zu nehmen.

Die Bank of Communications aus Shanghai, kurz Bankcomm, ist die fünftgrößte Bank Chinas und gehört nach Marktkapitalisierung zu den Top-25-Geldhäusern der Welt. Als erstes chinesisches Finanzinstitut wagte die Bankcomm 2005 den Gang an die Hongkonger Börse. Seit 2007 ist sie auch an der Börse in Shanghai notiert. In Deutschland fördert die Bankcomm vor allem den deutsch-chinesischen Handel. „Wir müssen nicht die Größten sein, aber die Besten", ist die Zielrichtung, die Kircher dem Institut im Aufbau gegeben hat. Und wachsen soll die deutsche Geschäftsstelle kräftig. „Mittelfristig sehen die Planungen der Niederlassung eine Intensivierung der M&A-Tätigkeit vor, wobei wir uns zunächst auf Beratungs- und Vermittlungsdienstleistungen konzentrieren werden", erklärt Kircher. Denn: „Chinesische Firmen sind interessiert an guten Marken, über die viele deutsche Mittelständler verfügen", sagt Kircher. „Für Fami-

> „Zuerst muss man das Risiko sehen, dann erst den möglichen Profit."

lienunternehmen mit Nachfolgerproblemen könnte die Vermittlung chinesischer Investoren eine Lösung sein."

Stolz ist er, dass er, der vorrangig im Kreditgeschäft tätig war, in seiner bisherigen Laufbahn keine nennenswerten Ausfälle verbuchen musste. „Subprimes gab es bei mir nicht", beschreibt er seine Geschäftsüberzeugung. „Zuerst muss man das Risiko sehen, dann erst den möglichen Profit." Ein Kredit würde nicht besser, nur weil

PERSÖNLICH:ERNST-DIETER KIRCHER

Der Ton-Geber

Da die „Chinesen die erfahrenen „Oldies mögen", ist bei Ernst-Dieter Kircher von Pensionierung nicht die Rede.

er dem Aufsichtsrat gefalle. Sein Credo: „Fehler vermeiden ist besser, als sie hinterher ausbügeln zu müssen – oder einen Schuldigen zu suchen." Daher sollen seine Mitarbeiter sich „eigene Entscheidungen zutrauen, wenn sie sich ihrer Sache absolut sicher sind – bei den geringsten Zweifeln aber sofort zu mir kommen."

Mit seinem chinesischen Geschäftsführerkollegen bildet er ein „gutes Team". „Jedem ist klar, dass der chinesische Geschäftsleiter über strategische Vorteile verfügt, weil mir die originäre Anbindung an die Hauptverwaltung natürlich fehlt", sagt Kircher. Doch seine diplomatische und humorvolle Ader komme ihm bei den unterschiedlichen Mentalitäten zugute. Ein Plus ist auch, dass er gerne und häufig in Bildern erkläre. „Asiaten sehen im Chef weniger einen Kollegen – sie wollen, dass er den Ton angibt", beschreibt er. Und der Chef habe grundsätzlich immer Recht. Daran habe er sich erst gewöhnen müssen.

In seiner Freizeit begeistert sich Kircher für klassische Musik. Mit spätestens 60 Jahren will er wieder anfangen, in einem Chor zu singen. Irgendwann möchte er alle großen Chorwerke von Bach einmal gesungen haben. „Mit der Konzentration auf die Noten und das Klangbild bin ich nach 10 Minuten weg vom Alltag."

"Zur Gräfin bitte hier entlang", begrüßt der Herr am Empfangstresen. Gräfin Alice von Schwerin ist Regionalleiterin West im Wealth Management der HypoVereinsbank (HVB). „Der Titel ist ein Türöffner", bestätigt sie. Doch schaffe solch ein Name auch eine Erwartungshaltung, und nicht wenige Menschen hätten Vorurteile gegenüber Adeligen.

Auf gesellschaftlichem Parkett fühlt sich die 50-Jährige perfekt wohl. „Ich trenne berufliche gesellschaftliche Verpflichtungen nicht vom Privatleben, ich lebe sie", beschreibt Gräfin von Schwerin ihren Lebensstil. Erhalte sie beispielsweise eine Einladung zu einer Galerieeröffnung, dann nimmt sie diese nicht nur aus beruflichem, sondern auch gerne aus privatem Interesse wahr. „Wer den Abend genießt, ist authentisch – und nur so hinterlässt man bei den Kunden einen guten Eindruck", ist ihre Überzeugung.

Der Umgang mit Kunden hat ihr immer viel Spaß gemacht. „Statt für das Abitur zu lernen bin ich lieber Reiten gegangen", bekennt sie. Ihre Eltern empfahlen ihr daher statt eines Studiums eine Banklehre bei der Commerzbank. Damals hatte sie nicht einmal ein Konto und war überzeugt, die Bankbranche sei sehr trocken. „Wer Vertrieb macht, kann aber kein stockkonservativer, langweiliger, introvertierter Mensch sein", beschreibt sie auch sich selbst. Denn: „Im Grunde ist es egal, ob man Surfbretter oder eine Geldanlage verkauft – der ganzheitliche Blick auf den Kunden ist das A und O."

Zu Beginn ihres Berufslebens hatte sie nach eigenen Worten keinen großen Ehrgeiz. Doch: „Was auch immer sie macht, macht sie mit Haut und Haaren", heißt es aus ihrem Umfeld. Daher wurde sie mit 25 Jahren Filialleiterin, zunächst in Mönchengladbach, dann in Saarlouis. Als nächste Stufe auf der Karriereleiter folgte die Ressortleitung des Privatkundengeschäfts in Saarbrücken. „Interne Abteilungen sind nicht meine Leidenschaft", gesteht sie aber. Als Niederlassungsleiterin des Privat- und Geschäftskundenbereichs wechsel-

GRÄFIN ALICE VON SCHWERIN

Vertrieblerin mit Stil

Unverändert ist Gräfin von Schwerin bei der HypoVereinsbank/UniCredit tätig. Sie leitet seit 2009 die Private Banking Region West und verantwortet damit das Private Banking Geschäft der HVB in Nordrhein-Westfalen und Niedersachsen.

> „Wer Vertrieb macht, kann kein stockkonservativer, langweiliger, introvertierter Mensch sein"

te sie anschließend nach Wiesbaden, dann nach Köln und wurde zur Bereichsleiterin West für das Privatkundengeschäft der HVB in Frankfurt. Seit 1. Dezember 2008 leitet sie das HVB Wealth Management in der Region West, zuvor verantwortete sie die Region Düsseldorf/Köln.

Gräfin von Schwerin nennt ihr früheres Ich einen „Workaholic". „Das war in der damaligen Lebensphase das Richtige. Ich hatte eine höhere Schlagzahl – damit habe ich sicher Mitarbeiter genervt", gibt sie zu. Heute sei sie ruhiger und großzügiger geworden. Ihre Karriere ohne Studium hält sie heute nicht mehr für möglich und betont: „Wer nicht mobil ist, kommt nicht weiter." Die Bereitschaft zu Ortswechseln hat ihrer Erfahrung nach in den vergangenen Jahren abgenommen. Als Frau ist sie bei Führungskräfte-Treffen eine rare Erscheinung. Doch eine Frauenquote lehnt sie ab. „Jede Führungskraft sollte durch Leistung überzeugen." Ihre Rolle beschreibt sie so: „Die Mitarbeiter sind meine Kunden – ich muss sie immer wieder von neuem überzeugen." Sie habe tolle Teams und glaubt nicht, dass interne Konkurrenz langfristig die Leistung fördere. Wichtig sei einzig, dass das Team-Ergebnis stimme. Zur Wertschätzung gehört für sie ein hierarchiefreier Umgang miteinander.

Bei den gesellschaftlichen Verpflichtungen kommt Gräfin von Schwerin zugute, dass sie vor rund 20 Jahren bereits mit dem Golfen begonnen hat, „der Mutter zuliebe", wie sie sagt. Heute dagegen genießt sie die Verbindung mentaler Entspannung mit geschäftlichem Networking beim Golfsport sehr. Und wenn sie freie Zeit findet, dann nimmt der Krimi-Fan gerne einen Schmöker in die Hand: „Je blutiger umso besser", bekennt sie schmunzelnd.

Pünktlich zu seinem 48. Geburtstag wurde Wolf Schumacher zum ersten Mal gefragt, ob er sich vorstellen könne, den Vorstandsvorsitz des Immobilienfinanzierers Aareal Bank zu übernehmen. „Manche Tage vergisst man nie", erinnert sich Schumacher mit einem Schmunzeln.

Bereut hat er es nie, das Angebot angenommen zu haben. Seit rund drei Jahren führt er nun die Aareal Bank Gruppe. In dieser Zeit hat er in Wiesbaden viel erreicht. Zunächst zogen er und sein Vorstandsteam eine harte Restrukturierung durch. Gemeinsam richteten sie das Institut komplett neu aus – und das erfolgreich. „Da muss man als Vorstand die Richtung vorgeben", erklärt Schumacher. Hartnäckigkeit und die Lust daran, Widerstände zu überwinden, machen Schumacher aus, der sich selbst als Kämpfernatur bezeichnet.

Der Aareal-Chef fordert viel und ist eher ungeduldig. „Die meisten Dinge gehen mir viel zu langsam", bekennt Schumacher. „Ich liebe es, Prozesse anzustoßen, zu begleiten und zu sehen, dass die Ziele zeitnah erreicht werden. Und ich mag es gar nicht, wenn Leute nicht mitdenken und immer auf Anweisungen warten", sagt er und beschreibt sich selbst als „nachhaltigen Verfechter von dezentralem Unternehmertum – vom Pförtner bis zum Bereichsleiter".

Dass unter seiner Führung bei der Aareal Bank das Motto „Mut zur Verantwortung" ausgegeben wurde, kommt intern offenbar gut an. Schumachers Mitarbeiter loben: „Wahrhaftigkeit und Glaubwürdigkeit zeichnen ihn aus. Es macht einfach Spaß, mit ihm zusammenzuarbeiten." Wichtiger als Hierarchien ist für ihn der individuelle Gestaltungsspielraum. „Wir bei der Aareal Bank definieren uns nicht über Funktionen und Titel, sondern über Kompetenz. Das gilt auch für mich als Vorstandsvorsitzenden", sagt Schumacher.

> „Wir bei der Aareal definieren uns nicht über Funktionen und Titel, sondern über Kompetenz"

Die Lust an Leistung lebt Schumacher auch außerhalb der Bank aus, etwa einmal pro Woche auf dem Tennisplatz. Wenn er seinem jüngeren Lehrer einen Satz abtrotzt, freut er sich. Er selbst hat sich als Tennislehrer sein Jurastudium finanziert – und bis vor wenigen Jahren die F- und B-Lizenz sowie den staatlich geprüften Tennislehrer regelmäßig erneuert. Im Tennisverein erhielt er auch das erste Job-Angebot von einer Bank. „Ich habe das Bankgeschäft von der Pike auf gelernt", erzählt er. Nachdem er die erste Hürde, ein Assess-

GANZ PERSÖNLICH: WOLF SCHUMACHER

Mut zur Verantwortung

Wolf Schumacher steuert die Aareal Bank nach wie vor.

ment-Center, genommen hatte, begann er als Trainee bei der Bayerischen Hypotheken- und Wechselbank in Hamburg. In der Hypo-Vereinsbank Gruppe stieg er bis zum Finanzvorstand der HVB Real Estate Bank auf, ging dann als Vorstandssprecher zur DG Hyp und im April 2005 zur Aareal Bank. Schumachers Leitsatz lautet: „Kommunikation ist alles." Doch der Walter Moers-Fan hält sich selbst nicht für einen guten Small-Talker und zieht legere Grillfeiern offiziellen Einladungen vor. Beim Hören von Rockmusik vergisst er den Alltagsstress. „Wegen eines Konzerts von ‚The Who' habe ich schon mal eine Vorstandssitzung verkürzt", gesteht er. Unverzichtbare Ausstattung seines Geschäftswagens ist der iPod-Anschluss.

Sollte seine Banker-Karriere einmal zu Ende gehen, könnte sich Schumacher vorstellen, seine Kämpfernatur auch auf anderem Terrain zu erproben: „Es würde mich durchaus reizen, in die Politik zu gehen und Bürgermeister oder Landrat zu werden – aber nur aus einer Position der Unabhängigkeit heraus."

GANZ PERSÖNLICH: THOMAS BLASER

Mit der Harley zum Kunden

Nach der Übernahme der Dresdner Bank durch die Commerzbank kehrte er zunächst der Bankenbranche den Rücken zu, war als Berater tätig und gründete das Unternehmen Dynamic Stories, das eine Literatur-Webseite betrieb. Anfang 2012 ging er zurück in die Schweiz und zurück zur UBS - heute verantwortet er als Managing Director bei der UBS in der Region Bern das Geschäft mit den vermögenden Privatkunden.

Kreativität zählt für Thomas Blaser zu den unterschätzten Tugenden eines Bankers. Für sein Team hat der Chef des Dresdner Bank Private Wealth Managements Deutschland-Süd sogar eigens Mauspads anfertigen lassen – „Mausmatten" nennt sie der gebürtige Schweizer. Darauf zu lesen ist sein Motto „COI – Creativ, Offensiv, Innovativ". Kreativität macht für den knapp 40-Jährigen auch den Hauptunterschied zwischen Private Wealth Management und „normaler" Bankberatung aus. Als beispielsweise Kunden Fragen zu Hedgefonds hatten, organisierte er kurzentschlossen eine private Schulung – eine vorher noch nie dagewesene Veranstaltung und typische Blaser-Lösung.

Auf die Frage nach einem Erfolgsrezept antwortet Blaser schlicht „Arbeiten, arbeiten, arbeiten" und ergänzt dann: „Ich scheue keinen Aufwand, einen Auftrag umzusetzen – und hatte damit auch meist baldigen Erfolg." Fleiß allein sei zwar kein Garant für berufliches Vorwärtskommen. „Doch wer mit Leidenschaft arbeitet, provoziert die

Wahrscheinlichkeit, Erfolg zu haben." Daher erscheint ihm sein enormes Arbeitspensum als Normalität. „Vielleicht werde ich nicht müde, weil ich Ausdauersportler und immer motiviert bin", vermutet Blaser. Selbst im Urlaub ist er immer erreichbar – Blackberry sei Dank. „Die Mitarbeiter nehmen kaum noch Rücksicht darauf, ob ich Urlaub habe oder nicht – aber ich verlange Gleiches ja auch von ihnen", sagt er.

Bereits in der vierten Schulklasse entdeckte Blaser sein mathematisches Talent. „In der sechsten Klasse wollte ich wegen meiner Vorliebe zur Mathematik schon Bankdirektor werden", sagt er. Nach einem Training bei der UBS in seiner Heimat Interlaken führte sein Weg über die UBS Zürich nach Lausanne und Bern, wo er als Credit Recovery Manager der UBS tätig war. Als für ihn ein weiterer Karriereschritt anstand, seine Vorgesetzten ihn aber unter Hinweis auf sein junges Alter vertrösteten, wechselte er zur Dresdner Bank. Dort leitet Blaser seit 2006 das Private Wealth Management Deutschland-Süd. „Als Schweizer hat man in der deutschen Bankenwelt einen Glaubwürdigkeits-Bonus. Das soll mich nicht stören", bekennt er schmunzelnd.

International richtete er sich durch ein MBA-Studium in den USA und den Niederlanden aus. Obwohl Fremdsprachen nicht zu seinen Spezialitäten zählen, spricht er neben Englisch auch fließend Spanisch und Französisch.

Seinen Führungsstil beschreibt der Major der Schweizer Gebirgsinfanterie als direkt, bestimmt, kollegial und fair. „Besitzstandsdenken hindert Innovation", ist Blasers Überzeugung. „Mich faszinieren Menschen, die etwas gewagt haben", erzählt er. Deshalb liest er Biografien historischer Persönlichkeiten – mehrere parallel.

> Wer mit Leidenschaft arbeitet, provoziert die Wahrscheinlichkeit, Erfolg zu haben.

Blaser liebt die Gegensätze. Seit 20 Jahren spielt er aktiv Golf. Er war mehrfacher Vereinsmeister seines Schweizer Schwimmclubs. Ebenso frönt er der Nationalsportart Skifahren und genießt es, in den Bergen zu wandern. Das hat ihn bereits bis zum Basiscamp des Mount Everest geführt. Als begeisterter Motorradfahrer ist er mit seiner Harley-Davidson auch schon zu einer Gartenparty eines Kunden gefahren. „Der wollte sofort eine Runde drehen." Auch sein Musikgeschmack ist von Gegensätzen geprägt. „Ich mag Bon Jovi ebenso wie gregorianische Gesänge." Bisher wechselte er in rascher Folge die beruflichen Aufgaben. Seinen aktuellen Job will Blaser jedoch mindestens fünf Jahre lang machen. „So lange habe ich mich vorher noch nie festgelegt."

BERTHOLD REINARTZ

Probleme sind zum Lösen da

Berthold Reinartz ging wie geplant Ende 2009 in den Ruhestand.

Optimistisch und immer positiv denkend, so sehen ihn seine Mitarbeiter. Sich selbst beschreibt Berthold Reinartz als fordernden, aber ebenso fördernden Chef. Denn nur wer die Latte hoch legt, bekommt die besten Leistungen, meint der Vorstandsvorsitzende der Sparda Bank West. Wenn der hagere, fast schlaksige 58-Jährige in seinem Bereich Aufgaben verteilt, dann empfindet dies so mancher Mitarbeiter als große Herausforderung. Ein früherer Chef übertrug ihm immer Dinge, die sonst niemand erledigen wollte. Einer solchen Herausforderung müsse man sich stellen, meint Reinartz. Dies hätte ihn beruflich immer nach vorne gebracht. Sein Credo: „Probleme sind zum Lösen da."

Mit 24 Jahren wusste Reinartz genau, was er wollte. In einem Persönlichkeitsseminar gab er damals als Ziel zu Protokoll, Vorstand einer Bank werden zu wollen. Mit 35 Jahren war er es dann.

Nach einer Lehre als Bankkaufmann wechselte er zur Raiffeisenbank Neuss-Land, ging dann zur Volksbank Köln-Nord und wurde dort unter anderem Vorstand für Marketing und Vertrieb. Maßgeblichen Anteil hatte er an der Fusion der Sparda Banken Köln, Essen und Wuppertal zur Sparda Bank West. Kein externer Berater war dabei nötig, aus den drei Instituten eines zu formen. „Die neue Zentrale in Düsseldorf und der neue Name trugen wesentlich dazu bei, dass sich keiner geschluckt fühlte und als Verlierer des Zusammenschlusses vorkam", erklärt Reinartz.

Ein enger und fairer Draht zu seinen Mitarbeitern liegt ihm am Herzen. „Ich bin für sie da, höre mir ihre Probleme an", beschreibt er seine Aufgabe als Führungskraft. Regelmäßig lädt er sie zum Mittagessen ein. Daraus resultiert auch eine freundliche, fast familiäre Arbeitsatmosphäre bei der Sparda Bank West. „Die Termine sind ihm heilig", betont eine Mitarbeiterin.

Genau wie Giorgio Armani vor seinem Laden in Mailand den Bürgersteig kehrt, hat auch Reinartz als Geschäftsstellenleiter den Parkplatz gefegt, wenn es nötig war. „Die Geschäftsstelle muss ordentlich aussehen. Anders könnte kein Kunde Vertrauen zur Bank haben." Unordnung und Unzuverlässigkeit bringen Reinartz auf die Palme. Da kam es auch schon vor, dass er Mitarbeitern die überbordenden Schreibtische mit einem Handstreich leergefegt hat. Damit will er Selbstdisziplin erreichen. „Erst wenn der Schreibtisch blanko ist, ist der Arbeitstag beendet", ist er überzeugt.

Disziplin ist auch das tragende Element seiner größten Passion – der Jagd. 80 Prozent der Jagd seien Mühe und Verantwortung. Hochsitze bauen beispielsweise gehört zu den schweißtreibenden Arbeiten. Bereits als Kind nahm der Waidmann mit Revier in der Eifel an Treibjagden teil. „Meine Mutter stammt aus der Landwirtschaft. Mit einem Schulfreund habe ich 1982 den Jagdschein gemacht – nach

> „Die Geschäftsstelle muss ordentlich aussehen. Anders könnte kein Kunde Vertrauen zur Bank haben."

Abschluss der Akademie Deutscher Genossenschaften in Montabaur", erklärt der Naturliebhaber. Der Vater war Versicherungskaufmann. „Da lernt man rechnen", sagt er.

Disziplin treibt ihn schon mal um sechs Uhr aus den Federn. Im Sommer läuft er dann fünf Kilometer. „Erst in den vergangenen Jahren habe ich gelernt, mal gar nichts zu tun", gesteht Reinartz. Vor drei Jahren begann er mit dem Golfspiel. Im Ruhestand will er seinen ferrari-roten Alfa Spider Oldtimer mehr bewegen.

Im November 2007 legte er – ohne Druck, wie er betont – den Termin seines Ausscheidens auf Ende 2009 fest. Und obwohl er sich auf die Zeit danach mächtig freut: „Der Abschied wird mir nicht leicht fallen."

Anja Kühner ist freie Wirtschaftsjournalistin aus Düsseldorf. Davor Redakteurin von Handelsblatt News am Abend, Wirtschaftswoche online, Welt am Sonntag. Volontariat in der Axel Springer Journalistenschule bei der Bild-Zeitung. Autorin der Bücher „Das Medien-Lexikon", „(Fast) Gratis Reisen" und „Erlebnisführer für die Region Bad Hersfeld-Rotenburg".

The manufacturer's authorised representative in the EU is Springer
Nature Customer Service Centre GmbH, Europaplatz 3, 69115 Heidelberg,
Germany. If you have any concerns regarding our products, please
contact ProductSafety@springernature.com

Printed and bound by CPI Group (UK) Ltd, Croydon, CR0 4YY

23/04/2026

02095660-0003